华东政法大学 70周年校庆丛书

章志远◎著

党内法规学专论

中国法制出版社
CHINA LEGAL PUBLISHING HOUSE

受上海市高水平地方高校（学科）建设项目资助

党内法规制度建设的行政法学观察者
（代序）

党的十八大以来，以习近平同志为核心的党中央立足全面从严治党和依规治党的重大现实需求，围绕新时代党内法规制度建设作出了一系列重大战略部署，党内法规体系建设和理论研究都取得了显著成效。2014 年 10 月，党的十八届四中全会提出，把“形成完善的党内法规体系”作为中国特色社会主义法治体系的重要组成部分。此后，“党内法规”一语迅速成为热门的政法话语，党内法规学也呈现“显学”发展之势，相关论文发表呈爆发式增长，相关研究机构次第成立，独立的党内法规学科呼之欲出。

作为中国共产党的诞生之地，上海是一座具有红色基因的光荣城市。在全面推进依法治国和深入推进依规治党的伟大征程中，中共上海市委高度重视党内法规制度建设，不仅在市委办公厅较早成立了专门的党内法规工作机构，而且还指导市委宣传部、市纪委与华东政法大学联合成立党内法规研究中心，共同推进党内法规制度建设和理论研究工作。承蒙学校领导的信任，作为行政法学者出身的我授命担任研究中心常务副主任，负责研究中心的日常工作。

自 2018 年 4 月中心成立以来，我们招录了中心首批科研人员和行政人员，落实了中心的办公场所，参加了兄弟高校举办的学术会议，学习了兄弟高校研究中心的建设经验。在上级部门的亲切关怀、学校党委的坚强领导和中心成员的共同努力下，中心在学术研究、人才培养、项目承担、社会服务、对外交流上都取得了可喜的成绩。我们从2019年开始在法理学博士点之下招收党内法规方向博士研究生，2021年开始在法学一级学科之下单独设立二级学科独立招收党内法规专业博士研究生；我们获批上海市教委首批党内法规研究基地，我本人入选首批上海市党内法规领军人才计划；我们牵头成立了上海市党内法规研究会，成为研究会会长和秘书处所在单位；我们与中国法制出版社密切合作，推出“党内法规理论与制度研究丛书”八本著作，推动了党内法规基础理论研究向纵深方向发展；我们承担了研究阐释党的十九届五中全会精神国家社科基金重大项目和中办法规局、上海市委办公厅、上海市纪委监委、上海市委宣传部等上级部门委托的课题，在国内重要刊物上发表了四十余篇专题论文；我们“请进来、走出去”，承办、参加了四十余场重要的学术会议，在各地党政机关举办了五十余场党内法规制度建设专题讲座。在不到五年的时间里，中心已经成长为国内重要的党内法规人才培养、学术研究和决策咨询基地。

在参与中心各项事业发展的过程中，我始终坚持学术导向、需求导向、问题导向，聚焦党内法规基础理论和具体制度研究，以行政法学者的视角观察、学习、研究党内法规制度现象，并将这种思路传导给中心科研人员和博士生，希冀实现与其他中心的错位发展，共同推进国内党内法规理论研究。从行政法学视角来看，党内法规理论研究需要着重从以下三个方面进行努力：

一是需要解决好学科发展的“元问题”。在法学二级学科中，行政法学是从其他学科的夹缝之中生长出来的，与当下党内法规学研究的境况十分相似。我不仅组织中心年轻教师和博士生编撰党内法规研究综述、基础理论及四个板块党内法规制度原理，而且还围绕党内法规学科建设、研究方法、研究范式撰写发表了多篇论文，试图解决好党内法规学科发展的基础问题。

二是需要立足具体领域的实践反哺党内法规总论研究。行政法学研究者的目光需要时常流转于总论和分论之间，通过对具体领域长期、深入的观察发展行政法学总论。这种归纳式研究进路同样适用于党内法规理论研究。我本人不仅在深入研读党内法规文本和观察制度实践的基础上撰写发表了多篇论文，而且还指导博士生围绕政法、教育等领域的典型违规违纪事例进行了整理剖析，并就生态文明建设、社会建设中的政党法治实践进行系统提炼总结，从不同侧面展示了党内法规制度建设的成就。

三是围绕中国特色社会主义法治体系的构建推进党内法规理论研究。党内法规制度现象引起了法学、党史党建、政治学等多个学科学者的关注，成为多学科思想、方法碰撞的研究领域。从行政法学视角上看，应当立足中国特色社会主义法治体系的构建，从党内法规与国家法律相辅相成、相得益彰的立场出发，讲好法治国家、法治政府、法治社会一体建设的中国故事。我本人围绕党政联合发文、法治政府与法治社会建设中党的领导、党规制定中的党员参与等问题进行了较为细致的研究，希冀丰富中国特色社会主义法治理论，形成党内法规研究的法学之维。

事非经过不知难。在繁重的行政法学科建设、学术研究和人才培养工作之余，抽身观察、学习和研究政治属性特别强的党内法规，我本人时常有如履薄冰、如临深渊之感。好在自己是一名有着 28 年党龄的老党员，始终心怀感恩之情、怀抱为党分忧之心，而且在行政法学研究领域已经取得了相当丰硕的研究成果，这是本人从事党内法规学习和研究的底气所在，也是本人结集出版繁荣党内法规理论研究的底气所在。在“形成比较完善的党内法规体系”后时代，党内法规学科的独立化、理论研究的精细化和学术成果的应用化，还有很长的路要走。党内法规理论研究的进一步繁荣，需要多学科协同攻关，也需要理论界与实务界之间密切合作。作为行政法学出身的学者，本人将继续在党内法规与行政法的结合部进行观察和思考，希冀未来能够写出更好的作品来推进中国特色社会主义法治理论研究，为制度治党、依规治党的深入推进贡献绵薄之力。

章志远

2023 年初春时节于沪上苏州河畔

目 录

CONTENTS

上篇 基础理论篇

下篇　制度建设篇

上　篇

基础理论篇

第一章
党内法规学学科建设论

党的十八大以来，以习近平同志为核心的党中央立足全面从严治党和依规治党的重大现实需求，以加强顶层设计和系统谋划为抓手，围绕新时代党内法规制度建设作出了一系列重大的战略部署，党内法规体系建设和理论研究都取得了显著成效。在法学、政治学、党史党建等学科中，“党内法规”逐渐成为一个热门的政法话语。“党内法规体系话语的勃兴，反映了当下中国法治意识形态和法律治理过程的全面深化。”[①] 作为中国特色社会主义法治理论体系的有机组成内容之一，党内法规制度现象的出现呼唤一门独立的“党内法规学”的建立。有学者指出，从研究对象的独立性和研究方法的独特性上来看，党规理论研究应当成为一门独立的学问、一个独立的学科；但从成熟学问所必备的科学的概念体系、完备的理论体系和完善的方法体系上来看，党规理论研究与成熟的学问之间尚有很大距离。[②] 笔者认为，党内法规制度建设、理论研究和学科发展之间是一种相辅相成、相互促进和相互保障的关系。一方面，快速推进的党内法规制度建设和日渐升温的党内法规理论研究为党内法规学科的独立化奠定了重要基础；另一方面，党内法规学科的独立设置和建设反过来又能够进一步助推党内法规制度建设和理论研究的新发展。在中国特色社会主义进入新时代的当下，建构独立的党内法规学已经成为摆在法学界面前的重要议题。本章拟就独立的党内法规学的时代意义、理论体系

---

① 廖奕：《中国特色社会主义法学话语体系研究反思——以“党内法规”话语为例》，载《法学家》2018 年第 5 期。

② 宋功德：《党规之治：党内法规一般原理》，法律出版社 2021 年版，第 517—519 页。

和建设方案三个问题加以论述，希冀引领党内法规理论研究真正步入快车道。

一、党内法规学学科建设的意义

党的十八届四中全会通过的《中共中央关于全面推进依法治国若干重大问题的决定》（以下简称《全面依法治国决定》）首次将形成“完善的党内法规体系”与形成“完备的法律规范体系、高效的法治实施体系、严密的法治监督体系、有力的法治保障体系”相提并论，使党内法规正式成为与国家法律具有同等重要地位的法治新范畴。同时，“注重党内法规同国家法律的衔接和协调”的新表述，使得党内法规成为中国特色社会主义法治体系的“特色”所在。“党内法规体系是中国特色社会主义法治体系中的‘扭纲者’，是中国特色社会主义法治体系的保障力量。”[①] 这些有关党内法规制度发展的顶层设计，直接推动了党内法规研究的升温，进一步丰富了中国特色社会主义法治道路的内涵和中国共产党治国理政的实践，成为建构独立的党内法规学学科的时代背景。

（一）引领党内法规理论研究向纵深方向快速发展

党的十八大以来，法学、政治学和党史党建等学科的一些学者围绕“党内法规基础理论”“党内法规制度规范”和“党内法规实践探索”三大主题，在核心期刊发表了六百余篇论文。[②] 同时，一批党内法规研究机构、研究会相继成立，有关党内法规研究的国家级和省部级项目也在不断增加。仅就这些论文、项目和平台数据而言，党内法规“显学”地位似乎正在形成。然而，党内法规研究繁荣表象的背后还存在很多隐忧：低水平重复现象比较明显，容易招致“局外者”的轻视；刊物特别是法学类刊物刊发党内法规研究

① 陈柏峰：《党内法规的功用和定位》，载《国家检察官学院学报》2017 年第 5 期。

② 肖金明、冯晓畅：《新时代以来党内法规研究回顾——以 2012—2018 年 CNKI 核心期刊文献为分析对象》，载武汉大学党内法规研究中心主办：《党内法规理论研究》2018 年第 1 期。

论文较少，容易挫伤“局中者”的积极性；聚焦党内法规展开可持续性研究者甚少，难以形成规模集聚效应；党内法规理论研究成果极少能够影响、引领制度建设，无法形成理论与实践之间的互动。这些现象表明，党内法规研究在当下哲学社会科学界“冰火两重天”的命运还没有得到根本改变。究其根源，主要还在于研究者普遍面临身份认同的自我拷问和外在评价。具体言之，对于中生代学者来说，全身心投入党内法规研究需要考量学术成本和收益之间的平衡；对于刚刚步入学术界的年轻学者来说，则面临着学术同行稀少、难入传统主流学科“法眼”的风险。一言以蔽之，学科归属模糊已经成为阻碍党内法规理论研究深入发展的重要原因。虽然学术研究主要还是研究者个体的兴趣和选择问题，但行政力量的积极引导和政策扶持同样重要，这也是中国特色学术研究体制运行规律使然。只有尽快将“党内法规学”明确列为一门相对独立的学科，按照独立学科建制模式配置相应的学术资源，才能从根本上解决党内法规研究者的后顾之忧，并能吸纳越来越多的研究者加入其中。可以预见的是，独立的党内法规学学科的设立，能够进一步激励更多的研究者全身心投入其中，党内法规研究的繁荣景象才有可能真正出现。

（二）助推中国特色社会主义法治话语体系的形成

努力建设具有中国特色、中国风格、中国气派的哲学社会科学是新时代坚定“四个自信”的题中应有之义。习近平总书记在 2016 年 5 月《在哲学社会科学工作座谈会上的讲话》中明确指出：“发挥我国哲学社会科学作用，要注意加强话语体系建设。在解读中国实践、构建中国理论上，我们应该最有发言权，但实际上我国哲学社会科学在国际上的声音还比较小，还处于有理说不出、说了传不开的境地。要善于提炼标识性概念，打造易于为国际社会所理解和接受的新概念、新范畴、新表述，引导国际学术界展开研究和讨论。这项工作要从学科建设做起，每个学科都要构建成体系的学科理论和概念。”[①] 党的二十大报告进一步强调，深入实施

① 《习近平在哲学社会科学工作座谈会上的讲话》，载《人民日报》2016 年 5 月 19 日。

马克思主义理论研究和建设工程，加快构建中国特色哲学社会科学学科体系、学术体系、话语体系，培育壮大哲学社会科学人才队伍。在“四个全面”战略布局之下，中国特色社会主义法治话语体系的形成就必须扎根中国大地、解决中国问题、讲好中国故事，决不照搬外国法治理念和模式。党内法规既是我们党管党治党的重要依据，也是建设社会主义法治国家的有力保障，理应成为社会主义法治话语体系的中国特色之所在。从目前的研究状况来看，简单比附国家法律的一般原理阐释党内法规的痕迹还比较明显，法理学、宪法学及行政法学者对“软法”“社会法”“活法”“高级法”等理论资源的运用还难以形成富有说服力的法治新话语。事实上，党内法规话语与国家法律话语之间已经形成了“我中有你”“你中有我”的生动活泼局面，国家法律中间或出现某些“党言党语”，党内法规中也出现若干“法言法语”。可以说，中国特色社会主义法治话语体系是一个党内法规与国家法律“各行其道、并行不悖、相辅相成、共襄法治”的二元法治格局。[①] 为此，应当尽快确立党内法规学应有的相对独立的学科地位，通过对党内法规基本范畴、概念体系和理论体系的阐述，形成富有中国特色、中国风格和中国气派的社会主义法治话语体系。

（三）回应新时代中国共产党治国理政的新变化

党内法规的学科归属不仅关系到党内法规自身研究的深化和法治话语体系的形成，还将直接影响到中国共产党治国理政的实践发展。《中共中央关于加强党内法规制度建设的意见》（2016 年 12 月 13 日）（以下简称《党内法规制度建设意见》）开宗明义地指出：“治国必先治党，治党务必从严，从严必依法度。加强党内法规制度建设，是全面从严治党、依规治党的必然要求，是建设中国特色社会主义法治体系的重要内容，是推进国家治理体系和治理能力现代化的重要保障，事关党长期执政和国家长治久安。”随后，党的十九大报告强调

① 欧爱民：《党内法规与国家法律关系论》，社会科学文献出版社 2018 年版，“序言”第 1 页。

要坚持“依法治国和依规治党有机统一”“依法治国、依法执政、依法行政共同推进”“法治国家、法治政府、法治社会一体建设”。可见，正确处理依法治国和依规治党的关系，事关党政关系、政治与法治关系、党的领导与法治建设关系的科学调配，是中国特色社会主义法治建设的一个鲜明特色。“解决这一问题，既无历史先例可循又无域外经验可鉴，只能依靠社会主义民主政治建设实践不懈探索。”[①]以作为法治国家建设重点和主体工程的法治政府而言，2015年12月，中共中央、国务院正式印发《法治政府建设实施纲要（2015—2020年）》，成为“我国在新的历史时期建设法治政府的总蓝图、路线图和时间表”。[②]从某种意义上来说，这份规格最高的纲领性文件成为各级党委和政府坚持依法行政、推进法治政府建设的根本遵循。随后，中共中央办公厅和国务院办公厅联合发布了混合型党规《党政主要负责人履行推进法治建设第一责任人职责规定》（2016年11月）、《法治政府建设与责任落实督察工作规定》（2019年4月），国务院发布了行政法规《重大行政决策程序暂行条例》（2019年4月），中央全面依法治国委员会办公室发布了党内规范性文件《关于开展法治政府建设示范创建活动的意见》（2019年5月），这些党规、国法和文件都成为规范法治政府建设活动的重要规范依据。仅从加强党对法治政府建设工作领导的方式和依据上看，党政关系就已经发生了深刻变化，昭示了新时代中国共产党治国理政的新探索。为了理解好、阐释好、宣传好这些治国理政的新变化，必须加强对党内法规特别是党政联合发布的混合型党规、规范性文件的理论研究，在党政机关合署、合设的当下，这些新型法治现象尤其值得加以关注。就此意义而言，独立的党内法规学学科设置十分迫切。

二、党内法规学理论体系的构成

理论研究是学科建设的核心任务。作为聚焦党规制度现象的专门学问，

① 宋功德：《坚持依规治党》，载《中国法学》2018年第2期。

② 宋大涵主编：《建设法治政府总蓝图：深度解读〈法治政府建设实施纲要（2015—2020年）〉》，中国法制出版社2016年版，第1页。

党内法规学理论体系亟待建构。有的论者提出，针对党规的学理探究由浅至深可以划分为“事实描述”“因果解释”“学术批评”和“理论建构”四个层次；[①]还有的论者则提出，党内法规的理论体系应当由总论和分论两部分构成，总论以党内法规通用的、一般的原理为研究对象，分论以党内法规各个部门为研究对象。[②]笔者认为，就完整的理论体系建构而言，党内法规学主要由本体论、价值论、制度论和运行论四个部分组成。

（一）党内法规本体论

作为一种法治现象的党内法规，最早可以追溯到 1921 年 7 月党的第一次全国代表大会通过的《中国共产党第一个纲领》，可以算作历史上第一部具有党章性质的党内法规；作为正式术语使用的党内法规，最早可以追溯到 1950—1953 年毛泽东同志亲自主持编辑的《毛泽东选集》第一卷至第四卷第一版期间，将其在党的六届六中全会上所讲的“党规”概念改为“党内法规”概念。[③]目前有关党内法规内涵明确界定的，则是《中国共产党党内法规制定条例》（以下简称《制定条例》）第三条第一款的规定，即“党内法规是党的中央组织，中央纪律检查委员会以及党中央工作机关和省、自治区、直辖市党委制定的体现党的统一意志、规范党的领导和党的建设活动、依靠党的纪律保证实施的专门规章制度”。不过，面对快速发展的党内法规制度建设实践，有关“党内法规究竟是什么”的追问迫切需要得到回答。为此，党内法规学理论体系的建构，首先应当从党内法规本体论研究入手。

党内法规本体论可以从党内法规概念论、属性论、范畴论及其与国家法律关系论四个维度展开。概念论旨在通过对党内法规的语义分析，精准界定其自身的理论内涵和识别标准，使其与党的主张、党的政策、党的纪律、党内规矩、党内规范性文件等相邻近的概念相互区分，最终使其能够成为一个

① 宋功德：《党规之治：党内法规一般原理》，法律出版社 2021 年版，第 490 页。

② 姬亚平：《论党内法规学的学科建设》，载《中国法学教育研究》2018 年第 2 期。

③ 李斌雄：《扎紧制度的笼子：中国共产党党内法规制度的重大发展研究》，武汉出版社 2017 年版，第 65—67 页。

独立的法学新范畴。属性论旨在通过对相关理论资源的调动，回答党内法规自身的法理属性和定位。除了从学理上借助“软法”“社会法”“高级法”“活法”等理论工具进行阐释外，还需要跳出传统的法学认识分析框架，从中国特色社会主义法治演化的特殊性上去解读党内法规的法理属性。这种特殊性要求既不能简单地对党内法规进行拆解式的语义分析，也不能简单地照搬国家法律对党内法规进行比附式的属性分析。范畴论旨在通过对党内法规基本范畴的提炼和体系化，正确揭示党内法规的本质与规律，建构合乎逻辑的党内法规理论体系和话语体系。有学者关于“党内法规与党内法治”“领导与执政”“民主与集中”“权利与义务”党内法规四对范畴的论述，丰富了对党内法规基本范畴的认知，对作为独立学科的党内法规学建立起到了很好的指引作用。① 党规国法关系论旨在通过对二者之间相异性、相似性和协同性的深入剖析，使二者“比翼鸟”和“连理枝”的特殊关系在中国特色社会主义法治体系的建构中得到充分彰显。有学者关于党内法规与国家法律之间“并行关系”“交叉关系”“一体关系”的独特解读，为理论界的深入探讨提供了很好的视角。② 本体论研究通过对上述“元问题”的追问，能够为党内法规理论体系的建构奠定坚实的认识论基础。

（二）党内法规价值论

党内法规是我们党长期执政形成的制度成果，是中国特色社会主义法治体系的有机组成内容。党内法规的出现，在事实上改变了长期以来国家法律一元主义的格局，逐渐形成了党规国法二元并存的法治新格局。可以说，党内法规是理解中国特色社会主义法治体系的一把钥匙，也是增强中国特色社会主义法治道路自信的一副锦囊。为此，从不同角度阐释和论证党内法规存在的正当性和价值，成为党内法规学学科建设的重要任务。只有全面回答“党内法规为什么会存在”的追问，才能消除思想层面的困惑，为党内法规

---

① 伍华军:《论党内法规的基本范畴》，载《法学杂志》2018 年第 2 期。

② 欧爱民:《党内法规与国家法律关系论》，社会科学文献出版社 2018 年版，第 59 页。

学学科发展扫清认识上的障碍。

党内法规价值论研究既要关注历史、立足当下，也要面向未来，在多元视角的深入观察中论证党内法规存在的理论和实践的正当性。

首先，要从全面从严治党的高度阐释党内法规存在的时代价值。“全面从严治党是党的十八大以来党中央抓党的建设的鲜明主题。办好中国的事情，关键在党，关键在党要管党、从严治党。在新的历史条件下，我们要更好地进行具有许多新的历史特点的伟大斗争、推进中国特色社会主义伟大事业，就必须以更大力度推进党的建设新的伟大工程，坚定不移地推进全面从严治党，切实把党建设好、管理好，保持党的先进性和纯洁性，增强党的创造力、凝聚力、战斗力，提高党的领导水平和执政水平，确保党始终成为中国特色社会主义事业的坚强领导核心。”[①] 全面从严治党要坚持思想建党和制度治党同向发力，而加强党内法规制度建设则是全面从严治党的“长远之策”和“根本之策”。[②]

其次，要从坚持党的全面领导的高度阐释党内法规存在的深远价值。“党的全面领导是具体的，不是空洞的、抽象的，必须体现到治国理政的方方面面，体现到国家政权的机构、体制、制度等的设计、安排、运行之中，确保党的领导全覆盖，确保党的领导更加坚强有力。”[③] 为了全面增强党的执政本领，党的十九大报告提出要“加快形成覆盖党的领导和党的建设各方面的党内法规制度体系”。

最后，要从实现国家治理体系和治理能力现代化的高度阐释党内法规存在的历史价值。中国共产党在革命、建设和改革的不同历史时期，始终都在探索局部和全面执政的经验。党的十八届三中全会提出，全面深化改革的总目标是完善和发展中国特色社会主义制度，推进国家治理体系和治理能力现代化。“国家治理体系和治理能力是一个国家制度和制度执行能力的集中体

① 中共中央文献研究室编：《习近平关于全面从严治党论述摘编》，中央文献出版社 2016 年版，第 14—15 页。

② 《习近平就加强党内法规制度建设作出重要指示》，载《人民日报》2016 年 12 月 26 日。

③ 中共中央宣传部：《习近平新时代中国特色社会主义思想三十讲》，学习出版社 2018 年版，第 79 页。

现。国家治理体系是在党领导下管理国家的制度体系，包括经济、政治、文化、社会、生态文明和党的建设等各领域体制机制、法律法规安排，也就是一整套紧密相连、相互协调的国家制度；国家治理能力则是运用国家制度管理社会各个方面事务的能力，包括改革发展稳定、内政外交国防、治党治国治军等各个方面。国家治理体系和治理能力是一个有机整体，相辅相成，有了好的国家治理体系才能提高治理能力，提高国家治理能力才能充分发挥国家治理体系的效能。”[①] 党内法规制度建设关乎党和国家的长治久安，是党勇于自我革命、领导人民进行社会革命实现国家治理现代化的有力保障。

（三）党内法规制度论

中共中央印发的《中央党内法规制定工作第二个五年规划（2018—2022年）》（以下简称《二五规划》）明确提出，要适应新时代坚持和加强党的全面领导、以党的政治建设为统领全面推进党的各项建设的需要，到建党100周年时形成以党章为根本、以准则条例为主干，覆盖党的领导和党的建设各方面的党内法规制度体系，并随着实践发展不断丰富完善。“完善的党内法规制度体系”是一个具有丰富内涵的概念，既包括以党章为根本、以准则和条例为主干、以规则规定办法和细则为配套的“各位阶”党内法规制度建设，也包括由党的组织法规、党的领导法规、党的自身建设法规和党的监督保障法规所构成的“各领域”党内法规制度建设，还包括中央党内法规、部委党内法规和地方党内法规上下贯通的“各层面”党内法规制度建设。[②] 在对党内法规的本体问题和价值问题进行阐释的同时，党内法规学还应当聚焦具体制度问题，助力良规体系的形成。

党内法规制度论的基调是静态的、实证的，可以从四个维度展开：一是纵向制度论研究，分别就中央党内法规、部委党内法规、省级党委地方党规进行研究，尤其要加强地方党规研究，凸显地方特色；二是横向制度论研究，

---

① 习近平：《在党的十八届三中全会第二次全体会议上的讲话》（2013年11月12日）。

② 宋功德：《全方位推进党内法规制度体系建设》，载《人民日报》2018年9月27日。

除了继续强化党章研究外，分别围绕党的组织法规、领导法规、自身建设法规和监督保障法规进行研究，构建党内法规“主体—行为—监督”的理论体系；三是全流程制度论研究，分别围绕党内法规的规划、起草、审批、适用、解释、备案、清理和评估等环节进行研究，构建党内法规“将来时—进行时—过去时—完成时”的理论体系；四是制度体系论研究，将党内规范性文件的研究置于同等重要的地位，深入研究党内规范性文件与党内法规之间的关系、党政联合发文的必要及其界限，构建“党内法规—党内规范性文件”的理论体系。

（四）党内法规运行论

党内法规的权威源于有效实施，党内法规的生命力也源于有效实施。习近平总书记指出：“法规制度的生命力在于执行。‘盖天下之事，不难于立法，而难于法之必行。’现在，我们有法规制度不够健全、不够完善的问题，但更值得注意的是已有的法规制度并没有得到严格执行。”[①] 为此，《党内法规制度建设意见》将“提高党内法规制度执行力”与“加快构建完善的党内法规制度体系”相并列加以规定，体现出“执规”与“立规”的高度统一。在党内法规制度论研究全面推进的同时，抓紧开展党内法规运行论研究，真正形成“铁规发力、禁令生威”的党内善治局面。

党内法规运行论的基调是动态的、社会的，要从构建有效的运行机制入手，确保良规成为一种硬约束。“八项规定改变中国”的事实雄辩地证明，贯彻执行党内法规制度“关键在真抓、靠的是严管”。[②] 至少应当引入如下三项严格规范的党内法规运行机制：一是仿照行之有效的行政执法责任制，尽快建立常态化的执规责任制，明确不同类型党内法规制度的执行主体和责任内容，为真抓严管奠定基础；二是仿照法治政府建设与责任落实督察制度，健全党规运行督察制，通过真督实察逐级传导

① 习近平：《论坚持全面依法治国》，中央文献出版社2020年版，第154页。

② 习近平：《在十八届中央政治局第二十四次集体学习时的讲话》（2015年6月26日）。

压力，真正形成一种覆盖全党的闭环责任体系；三是进一步强化党规实施公开机制，让党规违反者无处逃遁，在全方位的社会监督中有效提升党内法规的执行力。党内法规运行保障机制研究的深化，能够助推党内法规学快速发展。

三、党内法规学学科建设的任务

新时代党内法规学学科建设任务十分繁重，涉及师资队伍建设、人才培养工作、教材体系建设、科学研究工作、学术团体建设、学术活动开展等具体任务。其中，在法学一级学科之下设立独立的党内法规学二级学科、全面启动党内法规学博士生招生培养、成立全国性党内法规研究团体和举办全国高校党内法规师资培训班是目前亟待开展的四项具体工作。

（一）设置作为独立法学二级学科的党内法规学

从目前党内法规研究力量的学科分布来看，主要由法学、政治学和马克思主义理论三个学科的学者构成。诚如党内法规权威论者所言："党规制度是治党、法治、政治三者的交集，党规理论研究横跨党建学、法学、政治学 3 个学科，很难将党规制度现象纳入其中任何一个学科的研究对象。"① 从我国当下学科设置的规范依据来看，国务院学位委员会办公室和原国家教育委员会 1997 年 6 月联合下发的《授予博士、硕士学位和培养研究生的学科、专业目录》（1998 年 10 月、2005 年 12 月两次补充修订）最具权威性，它是国务院学位委员会学科评议组审核授予学位的学科、专业范围划分的依据。同时，学位授予单位按该目录中各学科、专业所归属的学科门类，授予相应的学位。培养研究生的高等学校和科研机构以及各有关主管部门，可以参照本目录制订培养研究生的规划，进行招生和培养工作。从该目录的"学科门类""一级学科"和"二级学科"设置来看，并没有

① 宋功德：《党规之治：党内法规一般原理》，法律出版社 2021 年版，第 517 页。

包括党内法规。为此，作为独立学科的党内法规学究竟应该设置在法学学科门类之下的哪一个一级学科之下，确实是一个需要认真对待的问题。笔者建议，在法学一级学科之下设立独立的党内法规学二级学科，其代码可设置为“030111”，置于军事法学之后。具体理由有四：一是《全面依法治国决定》将党内法规制度建设纳入全面依法治国的整体框架之中，将其明确列为中国特色社会主义法治体系的组成内容之一，凸显了党内法规“法治”现象的真谛；二是党的十九大报告将“坚持依法治国和依规治党有机统一”纳入新时代中国特色社会主义基本方略之中，重申了党内法规的“法治”属性；三是党内法规与国家法律之间联系最为紧密、关系最为密切，二者之间关系的正确处理事关全面依法治国和全面从严治党基本方略的实现；四是能够消除法学界尚存的疑虑，鼓舞广大法学研究工作者特别是青年法学研究工作者积极投身党内法规学研究事业之中。鉴于学科归属是各种资源分配的基础和前提，因此国务院学位委员会办公室和教育部应当在充分论证的基础上尽早修订学科、专业目录，从源头上解决党内法规研究者身份模糊、归属不清的现实难题，通过顶层设计的优化真正引领党内法规学成为“显学”。

（二）启动党内法规学专业高端人才培养工作

博士研究生是我国高等学历教育中最高的教育等级，其招生规模和培养质量是评估高校学位点和学科建设绩效的关键性指标。受诸多因素影响，我国博士生培养特别是文科博士生培养质量还存在不少问题。2018 年教育部决定在中央党校、中国社会科学院和 8 所高校开展党内法规专业方面的研究生培养试点。在此前后，几所高校已经先期启动了党内法规方向博士生招生工作，在党内法规学专业高端人才培养方面展开了积极探索。其中，武汉大学、中国政法大学、华东政法大学相继于 2017 年、2018 年、2019 年率先开展了党内法规博士生招生培养工作，呈现出三种不同的招生模式。武汉大学党内法规研究中心分别依托宪法学与行政法学学科、中共党史学科招收党内法规研究方向博士研究生，近三年招生名额均为 3 人；中国政法大学在宪法学与行政法学博士点之下设立党内法规方向，2020—2021 年招生名额均为 3 人；华东政法大学 2019—2020 年在法理学博士点之下设立党内法规方向招生 2 人，2021 年开始在法学学科之下单独设立二级学科的党内法规博士点招生 4 人。鉴于国内党内法规方向毕业博士生数量极少，目前还无法通过相关数据对其培养质量进行科学评估。总体而言，基于党内法规“法”的属性定位，在法学专业内借助相近二级学科招收党内法规博士生未尝不可。考虑到党内法规自身的特殊性，特别是在将其设置为独立的法学二级学科之后，自然应当实现在法学一级学科之下独立招生和培养。党内法规学专业博士生的培养可实行双导师制，由法理学、宪法学及行政法学等法学二级学科中具有一定研究基础的导师与政治学或党史党建学科的导师联合指导。鉴于武汉大学、华东政法大学等多所高校相继成立了实体性党内法规研究机构，可实行党内法规学专业高端人才培养与研究中心一体化运行模式，切实提高党内法规学博士生的培养质量。

（三）成立全国性党内法规研究团体

近年来，中国法学会下设二级法学研究会不断增加，对相关领域理论研究的深化起到了积极助推作用。例如，中国法学会立法学研究会的成立，顺应了良法善治时代科学立法的现实需要，对整合法理学、宪法学、行政法学等学科研究资源深化立法学研究发挥了重要作用。同时，还有一种二元结构的研究会模式也值得关注。例如，除了中国法学会下设环境资源法学研究会之外，中国环境科学学会之下还设立了环境法学分会，双方成员虽多有重叠，但因隶属关系不同倒也相得益彰。《党内法规制度建设意见》在“完善体制机制”一节中，提出了“加强党内法规理论研究，适时成立全国党内法规研究会”的目标任务。目前，作为民政部批准登记的全国党建研究会已经运行了 30 多年。虽然全国层面的党内法规研究会尚未成立，但地方层面党内法规研究会的创建工作已经启动。吉林（2017 年 10 月 28 日）、山东（2017 年 11 月 11 日）、陕西（2018 年 11 月 17 日）、广东（2019 年 4 月 28 日）、上海（2020 年 11 月 7 日）五地都是在省市法学会之下成立了党内法规研究会，北京党内法规研究会（2018 年 1 月 28 日）则是经北京市民政局备案登记的研究会。这些地方党内法规研究会的积极探索，为全国党内法规研究会的成立提供了很好的参考。总体来说，全国性党内法规研究会的规格更高、使命更为重大，其筹建工作需要积极稳妥推进，应最大限度地调动多学科党内法规研究力量，真正成为党内法规研究者的学术家园。

（四）举办全国高校党内法规师资培训班

作为中国特色社会主义法治体系的重要组成内容，党内法规知识应当及时“进课堂”“进头脑”，切实提高各级领导干部和高校师生的党内法规理论素养。一方面，从党的十八大以来中央纪委查办的一大批大案要案来看，不守规矩、不知党规往往是落马官员的通病。另一方面，高校是意识形态的主阵地，要通过思想政治理论课的创新，培养为中国特色社会主义事业奋斗终身的有用人才。《党内法规制度建设意见》在“加强学习教育”一节中，提出了“加强党内法规宣讲力度”的号石，要求“将党内法规制度作为各级党委（党组）中心组学习重要内容，纳入党校、行政学院、干部学院必修课程”；同时，《全面依法治国决定》提出“坚持把全民普法和守法作为依法治国的长期基础性工作”，要求“把法治教育纳入国民教育体系，从青少年抓起”。面对党内法规知识宣讲和普及任务的加重，党内法规专门师资的短缺现象更为明显。由于党内法规博士生培养工作刚刚启动，一时间还无法满足社会的急需。为此，可以考虑由中央宣传部、中央办公厅、中央全面依法治国委员会办公室、教育部牵头，举办一定规模和较长期限（如半年）的“全国高校党内法规师资培训班”，聘请多学科党内法规专家和实务界人士进行授课，为各大高校就地培养一批急需的党内法规师资力量。以后发型的行政法学科为例，1985 年司法部委托中国政法大学举办了全国行政法师资培训班（俗称“行政法黄埔一期”），当今活跃在行政法学舞台中央的学者很多都出自该班。此外，近年来，随着“马工程”法学教材的相继出版，各法学学科相继组织了马工程教材培训会，同样取得了良好的效果。这些其他学科有益的经验值得总结推广，为党内法规师资培训所采用。星星之火，可以燎原。随着中央办公厅法规局同中国法学会共同组织编写的党内法规专门教材《党内法规学》的正式出版，高校党内法规师资培训工作亟待启动，这对于党内法规的知识普及和研究深入都具有十分深远的意义。

第二章
党内法规学研究方法论

党内法规研究热表象的背后还存在很多隐忧。就宏观层面而言，研究成果、研究机构、学术会议总体上还处于营造声势的状态；就中观层面而言，法学研究者和其他学科研究者之间的专业隔膜尚未破除，不同学科的话语体系还处于各自为政的状态；就微观层面而言，研究成果总体上既不能“顶天”——提出原创性的理论命题，也不能“立地”——指导党内法规制度建设。从某种程度上来说，党内法规研究者所描述的“附带性讨论多、专题性研究少”“对策应用研究偏多、基础理论研究偏少”“单一性研究居多、复合型研究较少”“研究路径单一重复、少有另辟蹊径”的理论研究滞后状态仍未有明显改观。①

党内法规研究困境的摆脱主要取决于主题聚焦和方法更新两个方面。就前者来说，应当围绕“党内法规科学的法理阐释”“党内法规理想的制度构造”“党内法规有力的运行保障”三大攻坚战展开持续研究；就后者来说，“是否运用独特的研究方法”是判断党规理论研究能否成为一门成熟学问、独立学科的关键。就中国特色社会主义法治体系重要组成内容的党规而言，方法论的自觉在其研究兴起之初却有着异乎寻常的引领价值。简言之，党内法规研究方法论的探析，既是党内法规学作为独立学科生成的法宝，也是党内法规制度建设成功的护驾，更是新时代中国法治故事传播的利器。党内法规研究要着重运用解释论、实证论、历史论和比较论四种方法，真正开启党内法规的显学时代。

---

① 宋功德:《党规之治》，法律出版社 2015 年版，第 424—428 页。

一、党内法规学解释论

作为一类特殊的法治现象，党内法规方法论的探索可以从法学方法论的论争中获得启示。近年来，法学领域发生了比较激烈的“法教义学”与“社科法学”之争。法教义学是一种“法学内的法学”，主张认真对待法律规范，坚信现行法律规范秩序的合理性、旨在将法律素材体系化和强调面向司法个案提供建议与答案；社科法学是一种“法学外的法学”，主张认真对待社会事实，从现实出发、立足社会变迁，运用其他社会科学的知识和方法观察法律制度和法律现象。[①] 对于尚处于发展初级阶段的党内法规研究来说，教义学或者说解释论的研究方法更值得优先采用和推广。简言之，党内法规解释论就是对现行有效的党内法规的规范内容所进行的概念性、体系性的解释和说明，促进党内法规自身的精准适用和话语体系的科学建构。新时代的党内法规解释论应着重从如下三个方面展开系列研究。

首先，党内法规解释论需要围绕“何为党内法规”“如何识别党内法规”展开系列研究。研究对象是否明确、独立，往往是判断一门学科是否独立的根本标志。党规制定实践远比规定本身复杂，党内法规的判断识别标准尚需充分的解释论作为依托。一方面，党内法规制定主体同时有权制定党内规范性文件，且二者通常都是以“通知”形式下发的，仅从发文形式、制定主体甚至内容上还无法加以有效区分；另一方面，随着党的全面领导的加强，党政机关联合发文的现象日渐增多，使党内法规和行政法规、行政规章及党内规范性文件与行政规范性文件的界限更加模糊。[②] 为此，党内法规解释论应当通过主体、内容、功能、程序、形式等多种元素的组合，建立起一套具有现实解释力和可操作性的判断识别标准，为党内法规的深入研究凝练出清晰

① 谢海定：《法学研究进路的分化与合作——基于社科法学与法教义学的考察》，载《法商研究》2014 年第 5 期。

② 例如，中共中央组织部、人力资源和社会保障部共同制定、联合印发的《公务员申诉规定（试行）》（人社部发〔2008〕20 号）、《事业单位工作人员奖励规定》（人社部规〔2018〕4 号）、《新录用公务员任职定级规定》（中组发〔2019〕10 号），就分别使用了不同的发文字号，增加了党内法规、政府规章和混合型党内法规认定的困难。

的对象。[①]

其次，党内法规解释论需要围绕各位阶、各领域、各层面的党内法规的理解适用展开系列研究。党的二十大报告提出“坚持制度治党、依规治党，以党章为根本，以民主集中制为核心，完善党内法规制度体系，增强党内法规权威性和执行力”的时代任务，党内法规呈现立体式、全方位推进的格局。“只要党的领导和党的建设活动推进到哪里，全面从严治党就延伸到哪里，党内法规制度建设就跟进到哪里，制度治党的强烈信号和强大威力就释放到哪里，制度权威和规矩意识就强化到哪里。”[②]从位阶上来看，党内法规包括作为最根本党内法规的党章、作为基本党内法规的准则和条例、作为具体党内法规的规则、规定、办法和细则；从领域上来看，党内法规包括党的组织法规、党的领导法规、党的自身建设法规和党的监督保障法规；从层面上来看，党内法规包括中央党内法规、部委党内法规和地方党内法规。这些数量繁多、内容庞杂、上下贯通的党内法规能否得到精准适用，关键之处就取决于具体条文能否获得确当解释。例如，2018年10月至11月发生在某省的“扶贫干部张某在脱贫攻坚巡查中不正确履职被处分”及随后的“撤销处分”事件中，就涉及对《脱贫攻坚责任制实施办法》第二十五条有关“对不负责任、造成不良影响的，依纪依法追究相关部门和人员责任”的正确理解。[③]立足微观、解析条文进而为党内法规的精准适用做好基础性工作，这正是党内法规解释论的用武之地。

最后，党内法规解释论需要围绕“何为党内法规的基本范畴”“党内法规的理论体系如何建构”展开系列研究。诚如学者所言：“任何一门科学，从理论形态上说，都是由范畴建构起来的理论大厦。”[④]就党内法规研究来说，

---

① 作为解释论的一种积极探索，个别学者已经围绕党内法规的概念辨析进行了有益尝试。参见王伟国：《国家治理体系视角下党内法规研究的基础概念辨析》，载《中国法学》2018年第2期；刘长秋：《论党内法规的概念与属性——兼论党内法规为什么不宜上升为国家法》，载《马克思主义研究》2017年第10期。

② 宋功德：《坚持依规治党》，载《中国法学》2018年第2期。

③ 常河：《一份被撤销的处分，为的是那份实事求是》，载《光明日报》2018年11月17日。

④ 张文显：《论法学的范畴意识、范畴体系与基石范畴》，载《法学研究》1991年第3期。

要想走出纯粹的规范适用技术之学，必须经由基本范畴的提炼和系统化达至一门独立的学科。“党规学首先表现为一个集成集约的范畴体系，概念内涵外延不清、概念间关系不明，党规学就无从谈起。”[①] 党内法规基本范畴无论包括哪些元素，都并非空穴来风或主观臆想，而是蕴含在党内法规规范群的解释之中，或隐身在党内法规具体条款的背后。党内法规研究较为深入的学者率先提出，“党内法规与党内法治”“领导与执政”“民主与集中”“权利与义务”四对范畴，正确揭示了党内法规的本质与规律，涵盖了党内法规的主要内容，可以作为党内法规的基本范畴。[②] 沿着这一有益的学术探索，可以进一步解释党章统领的党内法规制度体系，充分考量党内法规内容涵盖性广、溢出效应显著的特点，将“党的领导权与党的执政权”“党的自我建设与党的全面领导”“党员义务与党员权利”作为建构党内法规理论体系的三对基本范畴。

二、党内法规学实证论

《二五规划》提出，要适应新时代坚持和加强党的全面领导、以党的政治建设为统领全面推进党的各项建设的需要，到建党 100 周年时形成以党章为根本、以准则条例为主干，覆盖党的领导和党的建设各方面的党内法规制度体系，并随着实践发展不断丰富完善。党内法规制定质量明显提高，执行力明显提升，系统性、整体性、协同性明显增强。仅以 2018 年为例，党内法规制度体系建设步伐已经明显加快，全年共印发中央党内法规 74 部。立规不易，执规更难。未来的党内法规研究要及时聚焦实施环节，真正让铁规发力、让禁令生威，确保各项法规制度落地生根。习近平总书记指出：“当前党内法规执行情况总体上是好的，但也存在一些重制定、轻执行的问题，有的制度先紧后松，有的外紧内松，有的违反之后未得到及

---

① 宋功德：《党规之治》，法律出版社 2015 年版，第 434 页。

② 伍华军：《论党内法规的基本范畴》，载《法学杂志》2018 年第 2 期。

时惩处，产生‘破窗效应’。”[①] 在党内法规制度建设如火如荼之际，理论界应当立足个案观察党规实际运行，从正反两方面深入总结党内法规实施的经验和教训，寻求党内法规运行的内在机理，真正使良规成为“活法”。

党的十八大以来，以习近平同志为核心的党中央以踏石留印、抓铁有痕的劲头狠抓党内法规贯彻落实，形成了一整套行之有效的保障机制。“党中央提倡的坚决响应，党中央决定的坚决照办，党中央禁止的坚决杜绝，决不允许上有政策、下有对策，决不允许有令不行、有禁不止，决不允许在贯彻执行中央决策部署上打折扣。”[②] 以有效扭转党风政风社风的中央八项规定精神为例，之所以能够取得良好成效，关键就在于党中央率先垂范、常抓不懈，始终以钉钉子的精神一抓到底。正如党内法规研究者所总结的那样，八项规定的成功经验做法对提高党内法规制度执行力的普遍启示在于三个方面：抓住关键少数、坚持以上率下；注重环环相扣、形成完整实施链条；“常”抓抓“长”、健全长效机制。[③] 值得关注的是，中央纪委国家监委网站专门开辟“监督曝光”板块，定期公开曝光“违反中央八项规定精神问题”“群众身边的腐败和作风问题”及各类特殊时间节点和重点领域问题“专区”，其所曝光的案例分布全国各地、各行各业，已经成为研究者了解违反八项规定精神实例最重要的数据库。从某种意义上来说，这些数据适度加以规范整合扩容之后，实际上将担负起类似中国裁判文书网的社会功能，对今后推进党内法规实证研究将发挥无法替代的引领作用。

党内法规的实证研究还需从经验层面深入总结局部领域、局部地区的负面案例，从负反馈角度探索党内法规有效实施的保障机制。例如，秦岭违建别墅事件[④] 的查处为党内法规实证研究提供了难得的鲜活样本，人们从中至少可以获得三点启示：其一，建设生态文明是中华民族永续发展的千年大计，

① 中共中央党史和文献研究院编：《习近平关于依规治党论述摘编》，中央文献出版社 2022 年版，第 144 页。

② 习近平：《习近平谈治国理政》（第二卷），外文出版社 2017 年版，第 143 页。

③ 宋功德：《坚持依规治党》，载《中国法学》2018 年第 2 期。

④ 《秦岭违建别墅整治始末　一抓到底正风纪》，http://politics.people.com.cn/n1/2019/0110/c1001-30514008.html，2023 年 9 月 11 日访问。

生态国家已经成为新时代的国家图像，加强国家生态文明建设的顶层设计刻不容缓；其二，要进一步加强党对生态文明建设全方位的领导，“党政主要负责人履行第一责任人职责”“党政同责、一岗双责”“环保督察”等中国特色的环境治理举措必须长期坚持；其三，生态文明建设与党的政治建设密不可分，“坚持党中央权威和集中统一领导”既是党的政治建设的首要任务，也是决定生态文明建设命运的关键一招。

回望党的十八大以来全面从严治党的实践成果，“打虎”“拍蝇”“猎狐”行动捷报频传，不敢腐的目标初步实现，不能腐的笼子越扎越牢，不想腐的堤坝正在构筑。在看到反腐败斗争已经形成压倒性态势的同时，也需要高度警惕不作为、慢作为、冷作为现象的蔓延，净化庸政懒政怠政滋生的土壤。为此，要加强对指导、规范全面从严治党和党的全面领导的法规的联动研究，探索出一条通过党的自我革命实现党领导人民进行社会革命的富有中国特色的党规治理道路。在突出“党规党纪严于国家法律”的同时，也必须及时落实“激励担当和容错纠错机制”。从这个意义来说，党内法规整体性的实证研究需要及时提上议事日程，避免党内法规实证研究的碎片化。例如，如何合理区分正常的人际交往和影响执行公务的界限、如何框定公共领域和私人领域的边界，对于指导党内法规的正确实施具有相当重要的指导意义。例如，在《中国共产党纪律处分条例》第八章所规定的“违反廉洁纪律行为”的多个条款中，就有“明显超出正常礼尚往来”“可能影响公正执行公务”等多个不确定概念，需要在解剖大量个案的实证研究基础上，形成相对明确的适用标准。2018 年 5 月，中央办公厅印发《关于进一步激励广大干部新时代新担当新作为的意见》，明确提出要“切实为敢于担当的干部撑腰鼓劲”。其中的三个“区分开来”——“把干部在推进改革中因缺乏经验、先行先试出现的失误错误，同明知故犯的违纪违法行为区分开来”“把尚无明确限制的探索性试验中的失误错误，同明令禁止后依然我行我素的违纪违法行为区分开来”“把为推动发展的无意过失，同为谋取私利的违纪违法行为区分开来”——对建构“严管和厚爱结合、激励和约束并重”的党内法规实施新机制具有重要的引领作用，这也是未来党内法规实证研究新的着力点。

三、党内法规学历史论

办好中国的事情关键在党，讲好中国的故事关键也就在于讲好中国共产党的故事。作为一个始终走在时代前列、人民衷心拥护、勇于自我革命、经得起各种风浪考验的马克思主义执政党，中国共产党在百年风雨兼程中之所以能够披荆斩棘，其制胜法宝就在于党与时俱进地将制度建设贯穿于提高自我净化能力和全面增强执政本领的过程之中。尽管党内法规真正走入公众视野、为公众所熟知始于党的十八大，但从历史来看，党在成立伊始就已经重视党规制度建设。可以说，党内法规的立、改、废、释活动百年来始终与党的建设活动相向而行。因此，党内法规历史论研究在当下尤为迫切，这种方法论的运用既能够从党规制度建设角度重述中国共产党的百年奋斗史，也能够通过党建视角和法学视角的融合提升党内法规的研究水准。新时代的党内法规历史论研究应着重从如下三个方面展开。

首先，党内法规历史论研究需要在断代史层面展开，通过对不同历史时期党规制度建设史实的钩沉，系统梳理我们党通过党规加强党的建设和领导的历史。中国共产党的百年史分为新民主主义时期、社会主义革命和建设时期、改革开放和社会主义现代化建设新时期及中国特色社会主义新时代，除了深入总结党的十八大以来党内法规步入快车道之后的建设经验外，还应当立足思想史、从制度史角度纵深方向叙述不同历史时期党规的发展演变。一些学者已经针对新民主主义革命时期和改革开放四十年党内法规的发展演变情况，进行了卓有成效的历史论分析。[①]“建立中国共产党、成立中华人民共和国、推进改革开放和中国特色社会主义事业，是五四运动以来我国发生的

① 参见程维荣主编：《新民主主义革命时期中国共产党党内法规》，上海三联书店2018年版；李斌雄：《改革开放40年党内法规制度建设研究》，载《决策与信息》2018年第10期。

三大历史性事件，是近代以来实现中华民族伟大复兴的三大里程碑。”① 今后，要聚焦建党初期、中华人民共和国成立初期和改革开放初期党规的萌芽、发展情况，重述我们党“不忘初心、牢记使命”、坚持思想建党和制度治党同向发力的伟大征程。

其次，党内法规历史论研究需要围绕重要历史人物展开，通过对老一辈无产阶级革命家和党的领导核心重要著述、重要讲话的深入研读，系统推进党内法规思想史研究。具体来说，可以从三个方面展开：一是学深悟透《习近平关于制度治党、依规治党论述摘编》，真正领会新时代党内法规制度建设的根本思想遵循；二是深入研读以毛泽东、邓小平、江泽民、胡锦涛为主要代表的中国共产党人思想建党和制度治党的重要论述，把握党内法规思想史的演变和发展；三是认真学习刘少奇、董必武、彭真等对思想建党、法制建设具有卓越贡献的老一辈无产阶级革命家的经典著述，追寻中国共产党人党规之治的艰难探索。通过对革命领袖和重要领导人原著的精读和梳理，有助于我们坚定对制度治党、依规治党的必胜信念。②

最后，党内法规历史论研究需要聚焦重点领域展开，通过对相应领域党内法规制度发展演变的跟踪观察，揭示了我们党在具体领域实现全面领导的光辉历程，进一步坚定“四个自信”。以中共中央 2019 年印发的《中国共产党政法工作条例》为例，这是中国共产党建党百年来首个针对政法工作的基本党内法规，突出了“党对政法工作的绝对领导”“把政法工作置于党和国家事业发展大局”和“领导主体具体化、职责清单化、工作运行机制化”，为做好新时代的政法工作指明了前进方向，提供了基本遵循。回顾改革开放四十年来我们党领导法治建设波澜壮阔的历史进程，可以看出个中大胆的探索和成功的实践。对这部条例的深入研读，还应当结合另外

① 习近平：《在庆祝改革开放 40 周年大会上的讲话》（2018 年 12 月 18 日）。

② 以“党内法规”概念的由来和发展为例，通过对毛泽东、刘少奇、邓小平等老一辈无产阶级革命家重要讲话的梳理，可以得出这是一个具有鲜明中国特色、是中国共产党人一大创造的经典概念。参见王伟国：《国家治理体系视角下党内法规研究的基础概念辨析》，载《中国法学》2018 年第 2 期。

两部具有划时代意义的党内经典文件的学习展开。一是1979年9月中共中央发布的《关于坚决保证刑法、刑事诉讼法切实实施的指示》(中发〔1979〕64号文),这部被誉为我国政法工作领域“十一届三中全会公报”[①]的文件,首次使用“社会主义法治”概念,首次提出“取消各级党委审批案件制度”,首次明确法律、司法权威和党的领导的关系,实际上扮演了对全党全民进行法制教育的宣言书的角色。二是2014年10月中共中央印发的《全面依法治国决定》,这是我党历史上第一次专门研究法治建设的全会,首次将“形成完善的党内法规体系”纳入中国特色社会主义法治体系之中,首次提出“党内法规同国家法律的衔接和协调”,实际上扮演了指导全面推进依法治国方略的纲领性文件。这些振聋发聩的表述,彰显了我们党厉行法治的坚定决心和顽强意志。对重点领域党内法规制度演进的历史研究,能够及时形成“党内法规分论”。[②]

四、党内法规学比较论

党内法规在革命烽火岁月提出、在中华人民共和国成立后成型、在新时代阔步前进,代表着中国共产党人思想建党和制度治党紧密结合、全面从严治党和加强全面领导的不懈探索。作为一个开放性的系统,党内法规自身纵横交错、上下连贯,与国家法律相辅相成、相互促进、相互保障,与世界范围内政党治理法治化经验相互借鉴。为此,党内法规研究要坚持开放思维和发展思维,通过党内法规与国家法律、与世界其他政党治理制度的深入比较,不断补齐党内法规制度短板,使我们党各个方面的制度更加成熟、更加定型。新时代的党内法规比较论研究应着重从如下三个方面展开。

首先,党内法规比较论研究需要在内部规范群展开,通过对不同类型、不同层级、不同区域的党规的比较研究,建构起逻辑严密、结构完整、务实

① 李雅云:《中国法治建设里程碑式的党的文件——纪念中共中央发布〈关于坚决保证刑法、刑事诉讼法切实实施的指示〉25周年》,载《法学》2004年第9期。

② 宋功德:《党规之治:党内法规一般原理》,法律出版社2021年版,第516页。

管用的规范体系。就同为党内法规“四梁八柱”的组织法规、领导法规、自身建设法规和监督保障法规来说，在组成内容、基本功能、规范结构等方面都存在差异，需要展开深入细致的比较分析。就不同区域的地方党内法规来说，虽然制定权限、党规形式一致，但区域情形却差异甚大，如东部沿海省市经济发达、人流密集、业态多样，需要重点解决好商务楼宇党建、新兴经济组织和社会组织党建难题；中西部地区经济欠发达、人口外流、农村空心化，需要重点解决好基层农村党建难题。党内法规内部规范群纵横交错的比较，能够起到相互借鉴、相互补充的作用，对于优化党内法规布局、提升党内法规质量都有现实指导意义。

其次，党内法规比较论研究需要与国家法律之间展开异同分析，通过对二者现实功能的观察，探索行之有效的党规国法衔接协调机制。党内法规与国家法律之间的关系定位，是中国特色社会主义法治建设必须回答的根本问题。同为中国特色社会主义法治规范的组成内容，党内法规与国家法律在制定主体、规范事项、调整对象、规范数量、规范要求、规范效力等方面存在很大差异，但二者之间也具有并行协作、相互融合、引领转化等多种关系可能。为此，可以党务领域、政务领域和党政融合领域为例，对相应党内法规和国家法律的文本规定及其现实功效展开比较，探索二者之间互联互通的“密码”。以生态文明建设领域为例，党的领导主要通过谋划大局、把握方向、制定政策、督促落实得以体现，至于具体的生态保护体制机制等则由国家法律加以规定。当然，鉴于生态保护问题的急迫性和重要性，中共中央办公厅、国务院办公厅 2016 年 12 月联合印发了《生态文明建设目标评价考核办法》，以党内法规的形式规定了“党政同责、一岗双责”“督察督办”“目标考核”等应对举措。近几年的实践表明，中央生态环境保护督察组在敦促污染治理、整顿吏治方面发挥了非常重要的作用。这些丰富的实践做法为党规国法关系的比较分析提供了鲜活的素材，避免二者之间陷入“党规脱法”或“党规入法”的极端境地。

最后，党内法规比较论研究需要在世界范围内政党治理法治化模式之间展开，通过对世界上其他政党有益治理经验的借鉴，不断提升中国共产党治国理政的水平。中外政党制度差异甚大，但并不妨碍我们党吸收借鉴国外政党治理的有益经验。2017 年 11 月 30 日至 12 月 3 日，主题为“构建人类命运共同体、共同建设美好世界：政党的责任”的中国共产党与世界政党高层对话会在北京成功举行，为各国政党相互借鉴治党治国经验搭建了重要的交流平台。会议之后形成的“北京倡议”提出，政党要做“伙伴关系的推动者”“世界和平的建设者”“全球发展的促进者”“文明互鉴的践行者”和“生态环境的守护者”。[①] 除了这种面对面的交流形式之外，近年来一批国外政党法规和党内法规被翻译介绍进来，为中外政党治理法治化经验比较提供了可能。通过对国外政党党内法规历史沿革和实践发展的深入分析，从中可以探寻到其发挥政治功能、保障党内民主、协调统一行动等方面的有益经验，为我们党党规之治的不断丰富和完善提供参考。

① 参见《人民日报》2017 年 12 月 4 日。

第三章
党内法规学理论滞后实践论

一、党内法规学理论滞后实践的表征

党内法规是我们党的发明创造，是最具中国特色的法治新范畴。从应然状态来说，党内法规理论研究必须牢牢扎根中国大地，从我们党坚持制度治党、依规治党的丰富实践中去发现问题、寻找规律、总结经验、提炼理论。检视现有的党内法规研究成果，理论滞后实践现象还存在，需要引起足够重视，避免党内法规理论研究与实务操作“两张皮”现象的长期存在。

（一）理论研究滞后实践

具体来说，这种滞后体现在如下两个方面：

一方面，党内法规理论研究远离制度建设实践。党的十八大以来，各领域各层次各位阶党内法规次第推出，全面从严治党“有规可依”的局面初步形成。2018 年 2 月，中共中央印发《二五规划》，党内法规制度建设步伐进一步加快。2019 年，党内法规制度的巩固、发展和执行都取得了一系列新的进展。党中央把党内法规制度建设放在党和国家事业全局中、放在党的长期执政中加以谋划部署，以搞好制度“供给侧结构性改革”为主线，进一步健全党内法规制度体系的四梁八柱，把党内法规制度执行摆到更加突出的位置来抓，推动制度优势更好转化为治理效能。与如火如荼的党内法规制度建设实践相比，党内法规理论研究还跟不上实践发展的需要。例如，有的论者运用“软法”“社会法”“特别权力关系理论”等理论工具解释党内法规的属性及其正当性，这些努力虽不乏理论勇气和学术关怀，但简单套用国家法理论的解读路径未必恰当，所获结论往往与解释工具之间存在自相矛盾之处。作为与国家法存在“比翼鸟”“连理枝”关系的特殊法治规范，党内法规与中国共产党的历史地位和时代使命息息相关，具有高度的政治属性。党的十八届四中全会报告将形成“完善的党内法规体系”与“完备的法律规范体系、高效的法治实施体系、严密的法治监督体系、有力的法治保障体系”相并列，作为中国特色社会主义法治体系的有机组成部分；2016 年 12 月 13 日，中共中央印发的《党内法规制度建设意见》进一步将其概括为“完善的党内法规制度体系、高效的党内法规制度实施体系、有力的党内法规制度建设保障体系”。不过，法学理论界从法治体系角度阐释党内法规属性的研究成果还有待增强。又如，有的论者对党内法规概念本身提出质疑，甚至主张要将党内法规“入法”，这种认识既没有尊重约定俗成的术语使用习惯，也混淆了党内法规与国家法律之间的界限。相反地，大量党的组织法规、领导法规、自身建设法规和监督保障法规相继出台，个中基本理论却并未被提炼出来。从方法论上来看，党内法规理论研究展现的更多是演绎思维方式，立足于现有规范体系的归纳思维并未形成。

另一方面，党内法规理论研究滞后于制度建设。党内法规制度建设是一项系统工程，既涵盖了党的建设和领导的方方面面，又体现了党内法规立、改、废、释的全流程。《党内法规制度建设意见》将“坚持立改废释并举”作为加快构建完善的党内法规制度体系的重要原则；《二五规划》将“坚持党内法规和规范性文件相得益彰”作为推进新时代党内法规制度建设的基本要求之一，并将“坚持制定和实施一体推进”作为党内法规制度建设组织实施的基本原则。2019 年 8 月 30 日，中共中央政治局会议修订了《制定条例》《中国共产党党内法规和规范性文件备案审查规定》、审议批准了《中国共产党党内法规执行责任制规定（试行）》，为我们党的立规和执规活动定了“规矩”。对于党内法规制度建设这些新的成就，理论界并未及时跟进，更无法对实践发展产生指导和引领作用。例如，党内规范性文件（包括党政联合发文）在管党治党、治国理政中发挥了越来越重要的作用，但法学界关注甚少。仅以 2019 年为例，中共中央、国务院联合印发了《关于深化改革加强食品安全工作的意见》《关于营造更好发展环境支持民营企业改革发展的意见》等权威性文件，一种依托党政机关联合发文治理的新模式逐步形成。除了个别学者立足司法裁判实践关注党政联合发文信息公开的困境化解之道外[①]，这一极具中国本土特色的治理现象尚未获得更多的学理论证。又如，党内法规的执行和保障机制逐步健全，特别是督察、问责力度不断加大，这些党内法规制度建设的宝贵经验未能引发应有的学术关注。从体系论上来看，党内法规理论研究聚焦更多的还是静态的制度体系，动态的制度实施保障体系关注明显不足。

（二）实践运作领先理论

与理论研究滞后实践相对应的是，理论界难以有效参与党内法规制度建设实践。具体来说，这种情形体现在如下两个方面：

一方面，党内法规实践运作信息的社会开放度不够。近几年来，中央及地方党内法规制度建设成绩斐然，这主要得益于党中央的高度重视和中央及省级党委法规工作机构的不懈努力。不过，这些实践成果尚未得到充分共享，作为理论研究素材的基础性作用没有得以有效发挥。与国家法律适用结果（司法裁判文书、行政执法决定等）为法学理论界广泛吸收利用不同的是，党内法规、党内规范性文件尚未全部公开。县级以上地方党委根据中共中央办公厅、国务院办公厅 2016 年 6 月印发的《关于推行法律顾问制度和公职律师公司律师制度的意见》要求，逐步设立了党委法律顾问及法律咨询专家库，但参与程度不够理想。同时，法律顾问及咨询专家遴选更多强调政治性，专业性还需要进一步加强，特别是参与制度建设的积极性、主动性和有效性需要设法提升。这种实践运行中的“剪刀差”现象，

① 张力：《党政联合发文的信息公开困境与规则重塑：基于司法裁判的分析》，载《中国法学》2020 年第 1 期。

不仅导致法律顾问作为“领导干部法治思维养成助力者”“法制机构能力提升同行者”“社会理性对话交流沟通者”的应然角色难以实现，而且不利于党内法规理论研究与实务运作之间真正的有效互动。

另一方面，党内法规实践运作理论关注、保密性强度不够。党内法规制定、备案审查、解释、修改、评估和清理活动的开展，基本上都是党内法规工作机构独自完成的。在时间紧、任务重的压力之下，党内法规工作机构的干部无暇顾及理论研究。与此同时，党内法规研究刚刚兴起，能够真正指导实践、引领实践的党内法规理论研究成果极少。从目前党内法规理论研究力量分布上来看，主要集中在高等院校和党校系统。党校系统与各级党委的联系非常紧密、资源获取更加便利，但在凸显政治属性的氛围之下理论研究的超脱性和创新性存在不足。相比之下，高等院校在较为残酷的考核和竞争压力之下，普遍出现“两极分化”状态：一部分主要从事教学工作，不再进行理论研究；一部分固守自身专业领域，没有动力从事新兴学科和交叉学科研究。即便高等院校零星的党规研究者用力甚勤，却难以通过组织形式获取更多的激励与扶持。

二、党内法规学理论滞后实践的成因

党内法规理论研究滞后实践由多种因素造成，既有时代背景、社会环境等客观原因，也有学术视野、交流机制等主观原因。

（一）客观原因

党内法规理论研究滞后实践，首先是由研究阶段的初始性和研究对象的特殊性所决定的，这些都属于客观方面的原因。

一方面，党内法规理论研究仍然属于初创时期，难以获得充足的外力支持。在目前的学术体制中，人力和财力是学科建设的基础条件，发表和出版则是展示学科成就的重要载体。由于党内法规还不是独立的、专门的学科，因而客观上还无法有效获得人财物方面的支撑。对于身处激烈的学术竞争环境中的理论研究者而言，如果不能及时在主流刊物发表党内法规的研究成果，自然就难以获得同行的学术认可，也很难获取更多外力支持。虽然党内法规制度体系已经成为中国特色社会主义法治体系的重要组成部分，但法学界并未一开始就给予应有的集体关注。目前，只有极少数从事宪法学、法理学和行政法学研究的学者腾出些许精力研究党内法规问题，真正一门心思研究党内法规的法学专家则寥若晨星。在激烈的学术成果发表竞争中，党内法规研究者并不具有明显优势。虽然一些高校成立了实体性的党内法规研究机构，调配了少量年轻学者专门从事党内法规研究，但由于主流期刊发表门槛较高，这批学者的学术成长还需时日，能否坚守更待观察。可见，造成党内法规理论研究滞后实践的首要原因还是研究阶段的初始性使然。

另一方面，党内法规自身的政治属性较强，制度建设的任务更为急迫。党规强烈的政治属性，决定了法学专家不能简单地将其与自身研究对象的国家法律进行比附。《制定条例》第二十九条第三款规定："党内法规除涉及党和国家秘密不得公开或者按照有关规定不宜公开外，应当在党报党刊、重点新闻网站、门户网站等党的媒体上公开发布。"如果某项党内法规和党内规范性文件因涉密不得公开，党内法规研究者就无法开展富有针对性的研究。党的十九大报告提出，加快形成覆盖党的领导和党的建设各方面的党内法规制度体系；《二五规划》则进一步明确，到建党100周年时形成以党章为根本、以准则条例为主干，覆盖党的领导和党的建设各方面的党内法规制度体系，并随着实践发展不断丰富完善。可见，党的十八大以来，党内法规制度建设任务繁重，不仅要新制定大量党内法规补齐短板，还要根据形势发展修订已有党内法规。在这一初创时期，党内法规理论研究很难赶上实践步伐。

（二）主观原因

除了外在客观因素影响之外，党内法规理论研究滞后实践现象还有主观影响因素。

一方面，研究者的家国情怀和学术视野还难以适应党内法规理论研究的内在需要。党内法规制度建设事关全面从严治党和依规治党的成效，与党和国家的前途命运紧密相连。因此，党内法规理论研究对研究者的政治素质、法律素质和使命担当具有更高要求。对于党员学者而言，更要本着对党忠诚的态度和积极建言的立场，彰显“在党言党、在党忧党”的学术品质。党内法规的理论研究不仅要从学理上阐释好、宣传好我们党坚持依法治国和依规治党有机统一的故事，而且还要坚持学术批评和理论建构，真正形成具有中国本土特色、彰显中国制度自信的学术话语体系。就理论研究者来说，光有一腔热情还远远不够，还需要宽广的学术视野，能够在坚持马克思主义基本立场的基础上，灵活运用法学、政治学和党史党建等学科知识和理论分析党内法规制度建设中的理论和实践问题。环顾当下哲学社会科学研究工作者群体，能够当此重任者确实不多。除了家国情怀、理想信念因素之外，法学研究工作者既要从内心深处真正理解和接纳党内法规，又要能够及时补齐政治学、党史党建等其他学科短板；法学领域之外的理论工作者既要充分发挥自身熟悉党的建设的专业优势，还要及时补齐法言法语缺失的短板。在短时间内，即使通过“知识恶补”等方式，党内法规理论研究者的学术视野总体上还难以适应新时代的需要。

另一方面，研究者还难以有效获得实践资源。《党内法规制度建设意见》特地将“加强队伍建设”作为专门一条列为加强党内法规制度建设的组织保障措施，足以看出党中央对建设党内法规理论研究队伍的高度重视。几年来，各部门各地方都推出了一些支持举措，但总体效果还不是太理想，党内法规理论研究的有生力量尚待激活和培养。具体来说，实务部门研究资源的配置方式还存在如下局限：（1）在科研项目、经费投入方面，没有充分考虑党内法规理论研究相对于其他理论研究的急需性和特殊性，没有深入区分不同年龄层次、职称层次、原学科归属的党内法规研究者群体的个性化需要，导致项目资源配置不当。例如，在重大科研项目承担方面，主要还是按照常规的申报方式进行，没有简化申报流程和申报材料，没有认真坚持前期研究成果导向和学术创新能力导向。论资排辈的习惯和封闭评审的做法，难免挫伤中青年一代党内法规理论研究者的积极性。（2）在顾问遴选、决策论证方面，重资历轻专业的倾向存在。各级党委法律顾问遴选及决策咨询论证本是延揽党内法规理论人才、构筑理论与实务深度交流的平台，能够实现发起者和参与者的双赢。遗憾的是，遴选机关对年龄资历、归属系统、单位层次等方面的强调，有时反而不利于遴选出合适的党内法规研究者。（3）在课程开设、人才培养方面，惯性思维阻碍了党内法规理论研究事业的可持续发展。目前，法治教育已经深入到中小学课堂，但党内法规知识学习在高等院校尚未推开，与其作为中国特色社会主义法治体系重要组成内容的地位极不相称。少数高等院校虽已招收党内法规方向硕士生和博士生，但学科归属、学位点定位、人员调配等现实问题仍然困扰着党内法规高端人才培养水平的提升。

三、党内法规学理论滞后实践的治理

无论是从党内法规理论研究人才存量激活和增量吸引的微观视角，还是从党内法规制度建设成效和理论体系、话语体系形成的宏观视角上看，党内法规理论研究滞后实践现象都需要得到及时、有效地治理，尽快扭转党内法规专门人才缺乏、研究水平低下的局面。就我国哲学社会科学研究特别是法学学科建设发展规律而言，新兴学科发展的一些有益经验值得在党内法规学科建设中充分汲取。

（一）建立健全常态化固定交流机制

党规理论研究滞后实践现象的成因主要在于交流机制的缺乏和失灵。《党内法规制度建设意见》提出过“实施教学科研机构与党内法规工作机构人员互聘计划”和“支持有条件的高等学校与党内法规工作机构联合培养党内法规专门人才”的设想，前者还停留在“上热中温下冷”的状态，后者除武汉大学党内法规研究中心等个别实体性机构落地实施外并未推广。伴随着党内法规制度建设的快速推进，常态化固定交流机制亟待健全。除了缓解彼此的工作压力之外，常态化交流机制的主要功能在于增进彼此之间的了解、拓展理论与实践深度合作的方式，助力党规共同体的形成。具体来说，如下两项常态化固定交流机制应当优先实施。

一是党内法规理论研究者与实务工作者互聘机制。2013 年 7 月，为贯彻落实《教育部、中央政法委员会关于实施卓越法律人才教育培养计划的若干意见》（教高〔2011〕10 号），教育部、中央政法委员会、最高人民法院、最高人民检察院、公安部和司法部联合印发《关于实施高等学校与法律实务部门人员互聘“双千计划”的通知》（教高〔2013〕8 号）。“双千计划”实施以来，数千名法学专家与法律实务人员实现互聘，对形成法律职业共同体、更新法学教育理念、提升法学研究水准、转变法学人才培养模式都起到了积极作用。为此，笔者建议中共中央办公厅适时印发《关于实施高等院校党内法规研究人员与党内法规工作机构人员互聘的意见》，每两年遴选 100 名左右高等院校党内法规专家学者和中央、地方党内法规工作机构人员派往对方单位挂职，深度参与所在单位安排的党规起草、决策论证、理论研究、人才培养和教育培训等工作。通过为期十年的五轮遴选互聘努力，打造出一批德才兼备、融通理论与实务的党内法规专门人才，助力党内法规学事业的飞速发展。

二是党内法规实务课题定向委托与公开招标机制。为防止党内法规理论研究偏离实践需要，党内法规实务部门有必要向理论研究工作者开放其实务研究资源。大体上来说，这类实务课题包括但不限于如下三类：党内法规和规范性文件委托起草、委托评估、委托清理，党内法规和规范性文件备案审查、解释适用论证咨询，党务机关业内实务课题研究。这些实务课题对于党内法规研究者触摸实务前沿、感受制度变迁、深度了解实践具有重要的推动作用，应当得到公平和有效率的配置。在地方法治实践中，实务课题定向委托与公开招标已经取得了很好的成功经验，值得为党内法规实务部门仿效。例如，重庆市人大常委会多次专门就现行有效的地方性法规清理和规范性文件评估活动委托西南政法大学打包完成，上海市政府决策咨询课题每年向全国各地的专家学者公开招标，广东省人大常委会曾经同时委托中山大学、暨南大学、广东外语外贸大学三所高校分别起草了《广东省信访条例（草案）》。目前，武汉大学党内法规研究中心每年坚持向全国同行公开进行课题研究招标，体现了难得的开放意识和扶持精神。在未来中央和地方层面的立规活动中，就应当通过定向委托与公开招标相结合的办法，全面调动党内法规研究机构和研究工作者的积极性，为党内法规理论研究与实务运作搭建高品位的交流平台。当然，为了充分保障委托研究任务的圆满完成，必须经由“准入机制”“契约机制”“公开机制”“责任机制”的建立，保障党内法规和规范性文件的科学性、民主性和回应性，助推良规善治的实现。[①]

（二）涵养党内法规理论研究生态

党内法规是管党治党的基本依据和遵循，是建设社会主义法治国家的有力保障，是中国特色社会主义法治体系的重要内容。党内法规理论研究是一项神圣而严肃的工作，不仅对研究者本身具有较高政治要求，而且对学术研究生态也具有特殊要求。改革开放以来，我国高等教育和科学研究事业取得了举世公认的成就，但当下学术体制也还存在着有待改进之处。《中共中央关于加强党的政治建设的意见》指出：“加强党的政治建设，必须把营造风清气正的政治生态作为基础性、经常性工作，浚其源、涵其林，养正气、固根本，锲而不舍、久久为功，实现正气充盈、政治清明。”党的政治建设具有统领作用，对于扭转党风具有决定性作用。同样地，风清气正的党风对于政风、行风、社风、学风的改善具有引领性作用。就党内法规理论研究而言，涵养研究生态对于净化心灵、提升研究品质有着特殊作用。

鉴于党内法规理论研究的重要性、迫切性和所处起步阶段的特殊情况，理论界和实务界必须拿出足够的“实招”予以扶持。除了搭建互动交流平台、加大投入公平配置资源外，还必须积极提供充分的发表和出版空间，吸引更多的专家学者汇聚到党内法规理论研究的时代洪流之中，形成研究党内法规

① 章志远：《行政立法相对回避模式之建构》，载《浙江社会科学》2018年第2期。

“很光荣”“有奔头”的生动局面。随着学术平台的增多和高端人才培养规模的扩大，党内法规理论研究工作者的队伍会不断壮大，学术期刊和出版机构的大力支持正逢其时。只有理论研究者与学术期刊之间建立起良性的合作互信关系，只有党内法规学术研究生态不断得到改善，才能进一步吸引更多的年轻学人积极投身党内法规理论研究，党规事业才能真正走向兴旺发达。

第四章
党内法规学研究范式转换论

作为一个始终坚持理论创新、制度创新和实践创新的马克思主义政党，中国共产党在革命、建设、改革等不同历史时期一直关注党的自身建设。特别是党的十八大以来，以习近平同志为核心的党中央坚持党要管党、全面从严治党，党的建设制度改革深入推进，党内法规制度体系不断完善，党的执政能力和领导水平不断提高。党内法规制度现象的出现，吸引了一批法学、政治学、党史党建学科的学者聚焦党内法规研究，作为一门相对独立学科的“党内法规学”呼之欲出。基本范畴的提炼和方法论的更新是一门学科走向独立化的前提，研究范式的转向则是一门学科日臻成熟的象征。如果说2020年之前的党内法规研究主要还是“立规论”研究范式，那么伴随着党内法规制度体系的初步建成，2021年之后的党内法规研究则需要适时转向“释规论”研究范式，助力党内法规学的独立生长。本章结合党的十八大以来党内法规制度建设和理论研究的代表性成果，指陈党内法规立规论研究范式的理论贡献，阐述党内法规释规论转向的必然及其基本图景。

一、立规论研究范式的主要贡献

作为制度实践的党内法规自中国共产党诞生之时就已经存在，作为正式概念的党内法规的提出则始于1938年召开的扩大了的六届六中全会上。党内法规概念首次正式载入党章则始于1992年召开的党的十四大，而作为“社会公众关注的热词和学界研究的热点”[1]的党内法规则是党的十八大以后的事情。纵览这几年来党内法规的理论研究成果，总体上是在形式、内容、实质等不同侧面进行党内法规正当性的论证，立规论研究范式的贡献集中表现在如下三个方面：

第一，助力党内法规制度体系的建立。党内法规制度体系的架构是近年来党内法规研究者关注的重要议题，相继形成了制度文本和学理阐释的两种理解进路，前者包括“参照党章模式”“5+1 模式”“1+4 模式”“1+2 模式”，后者包括“党规渊源说”“法律部门说”“党规关系说”“法治运行说”。[2]《党内法规制度建设意见》明确提出“加快构建完善的党内法规制度体系”的任务要求，首次正式明确“1+4”的党内法规制度框架结构，即在党章之下分为党的组织法规制度、党的领导法规制度、党的自身建设法规制度和党的监督保障法规制度 4 大板块。党规权威论者指出，要统筹推进各位阶、各领域、各层面、各环节的党内法规制度建设，勾画了一幅立体式、全方位的党内法规制度体系图。[3]《二五规划》除提出“制定相关准则”外，重点就完善“党的组织法规、党的领导法规、党的自身建设法规、党的监督保障法规”作出了详细部署。相比较中共中央 2013 年 11 月印发的《中央党内法规制定工作五年规划纲要（2013—2017 年）》的分类而言，《二五规划》有关党内法规的横向分类“从更多关注‘党建布局’的思维惯式中走出来，开始基于中国共产党的政治活动进行分类”，因而更为科学。[4]在首部“马工程”党内法规学统编教材中，四分法的党内法规制度体系也获得了高度评价，认为这种分类坚持了“周延性与开放性相统一”和“现实性与前瞻性相统一”，既体现了主体、行为和监督的“三位一体”，也与“大党建”的格局相互契合。[5]党内法规制度体系的理论设想和实践发展，是立

① 宋功德、张文显主编：《党内法规学》，高等教育出版社 2020 年版，第 16 页。

② 章志远主编：《党内法规专题研究述评》，中国法制出版社 2020 年版，第 163—172 页。

③ 宋功德：《全方位推进党内法规制度体系建设》，载《人民日报》2018 年 9 月 27 日。

④ 蒙慧：《论党内法规横向分类的政治逻辑与体系结构——基于中国共产党政治活动的视角》，载《探索》2019 年第 3 期。

⑤ 宋功德、张文显主编：《党内法规学》，高等教育出版社 2020 年版，第 44—45 页。

规论研究范式形式意义的真实写照。

第二，促进党内法规立规质量的提升。质量是党内法规的生命线。党内法规制度建设能否做到于法周延、于规周详、于事简便，事关管党治党、全面从严治党的成效，事关党和国家的长治久安。习近平总书记高度重视党内法规制度设计的科学性，要求牢牢把握提升党内法规质量的主线。“长期以来，我们制定的不少制度规定流于形式，其中一个重要原因就是制度本身不科学，脱离实际、没有可行性，有的规定过于原则、操作性不强，有的只有要求没有问责、刚性约束力不够，还有的规定交叉重复甚至文件打架。要提高党内法规制定质量，深入调查研究，广泛征求意见，掌握制度建设的周期性规律，及时进行立、改、废，既保证制度的活力，又注意保持制度的稳定性，不能朝令夕改、频繁‘翻大饼’，确保每项法规制度都立得住、行得通、管得了。”[①]《党内法规制度建设意见》将“提高制定质量”作为加快构建完善的党内法规制度体系的支撑条件，将其内涵具体化为“方向要正确”“内容要科学”“程序要规范”；《二五规划》将“党内法规制度质量明显提高”作为工作目标之一；《制定条例》直接将“提高党内法规质量”明确列为制定目的。可以说，“立规必重质量”已经成为习近平总书记关于依规治党重要论述的核心要义。[②]党的十九大以来，按照制度供给侧结构性改革的要求，党中央进一步加快了党内法规制度建设步伐，补齐了一些领域的制度短板，完善了一些领域的基本制度，实现了“又好又快”的发展目标。以《中国共产党纪律处分条例》（以下简称《纪律处分条例》）的修订为例，2018 年 8 月公布的新版条例总结了几年来的实践经验，根据新形势下全面从严治党的新任务和新要求，对违纪情形及对应的处分进行了修订完善，为管党治党提供了更为科学的依据。例如，第七条新增重点查处“党的十八大以来不收敛、不收手，问题线索反映集中、群众反映强烈，政治问题和经济问题交织的腐败案件，违反中央八项规定精神的问题”的案件类型；第九条充实完善了“责令作出检查或者进行

① 中共中央党史和文献研究院编：《习近平关于依规治党论述摘编》，中央文献出版社 2022 年版，第 116 页。

② 宋功德：《坚持依规制党》，载《中国法学》2018 年第 2 期。

通报批评”等违犯党纪的党组织的处理方式；第二十九条有关“先作出党纪处分并给予政务处分，再移送有关国家机关依法处理”的纪法衔接新规定等。这些修订是党的十九大之后党内法规质量进一步提升的重要标志。党内法规立规质量的学理阐释和现实提升，代表了立规论研究范式内容方面的成效。

第三，推动党内法规社会共识的形成。回顾党的十八大以来的党内法规理论研究进展，为党内法规“正名”始终是研究者孜孜以求的目标。为此，研究者相继动用了“软法”“社会法”“政治与法律二重属性”“特别权力关系”等多种理论资源加以论证。有学者指出：“‘党内法规’的基本性质属于社会法和软法。但是由于我国宪法确立的中国共产党的特殊领导地位，中国共产党党内法规对党务的调整必然会影响和涉及国务。从而，中国共产党的党内法规又同时具有一定的国家法和硬法的因素。”[①] 有学者认为：“党内法规既具有法律属性，又具有政治属性，基于管党治党的需要，其政治属性应当优先于其法理属性。”[②] 有学者则认为：“党内法规作为‘新型政党制度’的内部正式规范，兼具法治性、制度性与政治性的多重属性，是扎根于中国国情的特色政党制度。”[③] 还有的学者提出，应当在“党的领导”和“依法治国”的关系框架之下，将党内法规定位为中国特色社会主义法治体系的“担纲者”角色。[④] 有学者甚至还援引传统行政法学上的特别权力关系理论证成党内法规，将其作为党内法规的正当性基础和效力边界的理论依据。[⑤] 这些理论探索虽不无可商榷之处，但理论证成路径本身的多样化也激活了党内法规的现实影响，促成更多学人关注这一特殊的法治现象。《全面依法治国决定》首次将“形成完善的党内法规体系”作为中国特色社会主义法治体系的有机组成内容，并将“注重党内法规同国家法律的衔接和协调”作为加强党内法规制度

① 姜明安：《论中国共产党党内法规的性质与作用》，载《北京大学学报》2012年第3期。

② 刘长秋：《论党内法规的概念与属性——兼论党内法规为什么不宜上升为国家法》，载《马克思主义研究》2017年第10期。

③ 王立峰：《中国共产党党内法规的学术属性》，载《江海学刊》2020年第1期。

④ 陈柏峰：《党内法规的功用构合定位》，载《国家检察官学院学报》2017年第3期。

⑤ 江国华：《正当性、权限与边界——特别权力关系理论与党内法规之证成》，载《法律科学》2019年第1期。

建设的基本遵循；党的十九届四中全会通过的《中共中央关于坚持和完善中国特色社会主义制度 推进国家治理体系和治理能力现代化若干重大问题的决定》再次提出了“加快形成完善的党内法规体系”的目标任务。2020年11月16日至17日，中央全面依法治国工作会议在北京召开，作为马克思主义法治理论中国化最新成果的习近平法治思想正式提出并系统阐释，“形成完善的党内法规体系”成为习近平法治思想的重要组成内容之一。这些纲领性文件的权威论断和落地实施，为全社会形成正确的法治体系观和党内法规认知模式奠定了基础。党内法规社会共识的逐步形成，是立规论研究范式最具实质意义的功效。

二、立规论转向释规论的时代背景

随着近年来党内法规的密集制定，覆盖党的领导和党的建设各方面的党内法规制度体系即将形成，《二五规划》所确立的建党100周年工作目标如期实现，党内法规学研究也随之迎来更大的发展机遇。就研究范式而言，党内法规学也需要及时实现从立规论向释规论的转向，其原因主要来源于如下三个方面：

第一，党内法规制度建设的自身转向使然。党的十八大以来，党内法规制度建设遵循了“先立规后执规”和“边立规边执规”的实践逻辑，用不到十年时间实现了从以立规为中心到以执规为中心的嬗变。习近平总书记高度重视制度执行问题，强调要动真格抓落实。“有了好的制度如果不抓落实，只是写在纸上、贴在墙上、锁在抽屉里，制度就会变成稻草人、纸老虎。要强化制度执行，加强监督检查，确保出台一个就执行落实好一个。要坚持执行制度没有例外，对违反制度规定踩‘红线’、闯‘雷区’的，要零容忍，发现一起就坚决查处一起。”[①]《党内法规制度建设意见》将“提高

① 中共中央党史和文献研究院编：《习近平关于依规治党论述摘编》，中央文献出版社2022年版，第149页。

党内法规制度执行力”置于与“加快构建完善的党内法规制度体系”同等重要的地位，并列举“坚持以上率下”“加强学习教育”“强化监督检查”“加强备案审查”四项举措；《二五规划》将“坚持制定和实施一体推进”作为党内法规制度建设组织实施的基本原则，强调“以钉钉子精神抓好党内法规贯彻落实，绝不能制定出来就束之高阁、形同虚设”。2019年9月，中共中央发布的《中国共产党党内法规执行责任制规定（试行）》，宣示其目的在于“提高党内法规执行力，推动党内法规全面深入实施”，这一考虑旨在深入贯彻习近平总书记关于狠抓党内法规执行的重要指示精神，加快补齐党内法规制度建设短板，从根本上破解党内法规“执行难”问题。[①] 事实上，在过去边立规边执规的实践中，党内法规执行力提高需要综合施策已经为中央八项规定落地生根所佐证。总体上来说，群众期待、以上率下、质量过硬、配套完备、责任明确、广为人知、督促检查、全面监督、严肃查处和常抓不懈是其中的胜利法宝。[②] 在以执规为中心的党内法规制度建设新时期，释规论研究范式的兴起可谓正逢其时。

第二，党内法规落地生根保障的现实要求。党内法规的生命力在于实施，党内法规的权威也在于实施。党的十八大以来党内法规制度建设的生动实践，展现出中国共产党坚定不移推进全面从严治党、不断提高党的执政能力和领导水平的意志和决心，党的凝聚力、号召力和向心力随之大大增强。同时也应当清醒地看到，党内法规落地生根尚未完全实现，人民群众身边的“小微腐败”现象还未得到根除，一些重点领域和关键环节的制度梗阻现象还比较突出，一些党员干部对党内法规能否实施还持有观望态度。在一些地方还存在片面、僵化适用党内法规现象，治党确实是“从严”了但未必是“依规”了，执规还有走过场、紧一阵松一阵等形式主义之嫌。这些现象的出现，暴露出党内法规制度建设的执行力短板，还需要通过综合施策强化执规，促进党内法规从“文本之规”真正走向“适用之规”。就当前党内法规学理论

① 中共中央办公厅法规局编著：《中国共产党党内法规制定条例及相关规定释义》，法律出版社2020年版，第226—228页。

② 宋功德：《坚持依规制党》，载《中国法学》2018年第2期。

研究而言，之所以未能吸引更多学者关注，一个重要原因就在于党内法规密集出台的同时还没有很好地解决落地生根问题。为此，党内法规学研究范式需要及时实现从立规论向释规论的转向，以有效回应治国理政实践对党内法规落地生根的现实需要。

第三，党规国法和谐关系维系的迫切需要。党内法规正式纳入社会主义法治体系，既是中国特色社会主义法治的优势，也是中国特色社会主义法治的亮点。同时，如何妥善处理好党内法规与国家法律之间的和谐有序关系也成为迫在眉睫需要解决的问题。特别是在大规模的立规工作告一段落之后，不同领域、不同主体发布的党内法规之间，针对相同事项制定的党内法规与国家法律之间，可能还存在理解适用上的不一致。例如，《中国共产党农村工作条例》第十九条规定："……村党组织书记应当通过法定程序担任村民委员会主任和村级集体经济组织、合作经济组织负责人，推行村'两委'班子成员交叉任职……"这一规定旨在加强农村党的建设，是对加强党的全面领导的贯彻之举。尽管使用了"通过法定程序"的表述，但与村民自治的相关法律规定之间、与村民及集体经济组织的选择权之间，似乎还存在理解适用层面的差异与分歧。类似情况的处理，涉及党内法规与国家法律之间的协调，避免对同一事项作出可能难以适从的规定，可谓"理解'法治中国'的一把钥匙"。[①] 当然，对类似生态环境保护领域党规国法关系演变的政党法治经验的提炼更为重要。"生态环境治理中政治系统与法律系统的双向互动和相互构造，为其他领域国家治理体系的完善与优化提供了有益的参照与借鉴。"[②] 系统总结治国理政过程中党规国法保持和谐有序关系的有益经验尤为迫切，这为党内法规释规论研究范式的生成提供了机遇。

---

① 王立峰：《法政治学视域下党内法规和国家法律的衔接与协调》，载《吉林大学社会科学学报》2019年第3期。

② 陈海嵩：《生态环境政党法治的生成及其规范化》，载《法学》2019年第5期。

三、释规论研究范式的基本图谱

简言之，党内法规释规论是对现行有效的党内法规内容所进行的概念性、体系性解释说明，促进党内法规自身条款的精准适用和话语体系的科学建构。以习近平同志为核心的党中央高度重视党内法规解释工作，《党内法规制度建设意见》《二五规划》都将“坚持立改废释”作为党内法规制度建设的基本遵循，明确提出“加大党内法规制度解释力度”的要求。2015年7月，中共中央办公厅还专门印发《中国共产党党内法规解释工作规定》（以下简称《解释工作规定》），初步形成了党内法规解释制度的体系。站在第一个“两个一百年”交汇的新的历史起点，党内法规释规论研究范式应着重解决好主体论和原则论问题，建构理想的释规论理论图景。

（一）释规主体论

党内法规解释主体涉及党内法规解释权的科学配置和解释内容的权威解读，是党内法规释规论的首要课题。党内法规自身兼具政治属性和法律属性，释规主体必须由党内法规作出明确规定。“党内法规是中国共产党管党治党的重要依据，是中国共产党的制度中的高级形态，具有很高的效力和权威性，对党内法规的解释也必然具有很高的效力和权威性，因此必须慎重作出，对党内法规解释主体作严格限定，不能泛化。”[①] 按照《解释工作规定》第三条的规定，党的中央组织可以对其制定的党内法规进行解释，也可以在其制定的党内法规中授权有关部委进行解释，授权多个部委进行解释的，牵头单位应当会同有关部委统一作出解释；中央纪委、中央各部门以及省、自治区、直辖市党委，则不得授权其他机关对其制定的党内法规进行解释。可见，目前释规主体论主要包括“谁制定谁解释”和“授权解释”两种模式。其中，前者是“与生俱来”的形态，不论党内法规中

① 中共中央办公厅法规局编著：《中国共产党党内法规制定条例及相关规定释义》，法律出版社2020年版，第196页。

是否具有明确授权解释的条款规定，党内法规制定者自身都保有解释权限；后者是“后天具有”的形态，只有获得明确授权之后才具有解释的正当性。

仔细检阅党内法规的文本规定，可以看出授权解释模式主要包括“单一主体授权”和“复合主体授权”两种形态。其中，单一主体授权的对象主要包括党中央部委机关、党中央决策议事协调机构和国务院部委三类情形。例如，《中国共产党问责条例》第二十六条授权中央纪律检查委员会负责解释，《中国共产党农村基层组织工作条例》第四十七条授权中共中央组织部负责解释；《中国共产党农村工作条例》第三十五条授权中央农村工作领导小组办公室（设在农业农村部）负责解释，《法治政府建设与责任落实督察工作规定》第三十四条授权中央全面依法治国委员会办公室（设在司法部）负责解释；《中央生态环境保护督察工作规定》第四十一条授权生态环境部负责解释。复合主体授权的对象主要包括“并列”型（党中央部委机关并列 / 党中央部委机关与国务院部委并列）、“会同”型（党中央部委机关之间会同 / 国务院部委之间会同）、“商”型（党中央部委机关之间商 / 国务院部委向党中央部委机关商）三类情形。例如，《中国共产党机构编制工作条例》第三十二条授权中央组织部、中央机构编制委员会办公室负责解释，《科研事业单位领导人员管理暂行办法》第四十九条授权中央组织部、科技部负责解释；《中国共产党党组工作条例》第四十四条授权中央组织部会同中央办公厅解释，《地方党政领导干部食品安全责任制规定》第二十一条授权市场监管总局会同农业农村部解释；《中国共产党工作机关条例（试行）》第二十九条授权中央办公厅商中央组织部、中央机构编制委员会办公室解释，《地方党政领导干部安全生产责任制规定》第二十八条授权应急管理部商中共中央组织部解释。

授权解释模式的多样化，既是中国共产党不断探索治国理政新经验、日臻走向成熟的标志，也是党内法规数量激增、影响范围外溢的体现。就文本规定而言，当某项党内法规授权多个部委进行解释时，排在最前面的是解释的牵头单位。“牵头单位应当会同有关部委统一作出解释，不得各自解释。”[①] 不过，“商”型解释模式的具体运作尚无明确的规范依据。如果从字面上分析，“商”具有“商请”“会商”“商量”之意，与“会同”之间还存在语义差异。如何妥善实施好“商”型党内法规解释模式，还有待《解释工作规定》的进一步修改完善。尤其是在党和国家机构改革的背景之下，如何面对新型党政关系带来的权力配置变化，妥善处理好党中央部委机关与国务院部委机关、中央决策议事协调机构与所驻国务院部委机关之间的解释权归属，已经成为释规主体论研究亟待破解的问题。

（二）释规原则论

党内法规解释原则关乎党内法规解释活动的基本遵循，是党内法规释规论的重要课题。《解释工作规定》第四条确立了党内法规解释应当遵循的四项基本原则，即“遵循党内法规制定原则”“忠实于党内法规原意原则”“适应党的事业发展需要和党的建设实际原则”“不得违背党内法规的制定目的和基本精神原则”。按照《制定条例》第七条的规定，党内法规制定工作应当遵循六项原则：坚持正确政治方向，增强“四个意识”、坚定“四个自信”、做到“两个维护”；坚持从党的事业发展需要和全面从严治党实际出发；坚持以党章为根本，贯彻党的基本理论、基本路线、基本方略；坚持民主集中制，充分发扬党内民主，维护党的集中统一；坚持党必须在宪法和法律的范围内活动，注重党内法规同国家法律衔接和协调；坚持便利管用，防止烦琐重复。从上述规定上看，党内法规释规原则可以提炼为“三个结合原则”，即“政治属性与法律属性相结合原则”“尊重原意与适应需求相结合原则”“整体性与特殊性相结合原则”。

旗帜鲜明讲政治是党内法规制度建设工作和理论研究工作必须牢牢把握的方向。政治性是党内法规的本质属性，是党内法规制定和解释工作之魂。

① 中共中央办公厅法规局编著：《中国共产党党内法规制定条例及相关规定释义》，法律出版社 2020 年版，第 199 页。

党内法规的制定和解释，必须时刻紧绷政治这根弦，“把讲政治要求落实到制定工作全过程，把政治性要求贯彻到党内法规制度安排各方面”。[①] 法律性是党内法规的重要属性，是党内法规作为社会主义法治体系组成内容的立命之本。坚持依宪治国、依宪执政是习近平法治思想的重要内容，是中国共产党对人民作出的庄严承诺。党内法规的制定和解释，同样必须坚持法治原则。例如，深化机构和行政体制改革是党的十九大报告明确提出的改革任务，党的十九届二中全会通过的《中共中央关于深化党和国家机构改革的决定》进一步提出了推进机构编制法定化的要求，《中国共产党机构编制工作条例》（以下简称《机构编制条例》）的颁行就是巩固党治国理政组织基础的重要保障。

机构编制工作需要遵循党管原则、优化协调高效原则、刚性约束原则和瘦身与健身相结合原则，特别是强化党对机构编制工作的集中统一领导是新时代机构编制工作的基本遵循。《机构编制条例》第二十七条第二款规定：“部门规章和规范性文件不得就机构编制事项作出具体规定，不得作为审批机构编制的依据。”该条规定的初衷是强化机构编制工作的刚性约束，凸显专门规定机构编制工作的党内法规的权威性。同时也应当看到，在国家法律体系中，《立法法》《行政法规制定程序条例》《规章制定程序条例》以及《行政处罚法》《行政许可法》《行政强制法》等法律规范，都有不同位阶法律规范针对特定事项设定权限的具体规定。因此，针对《机构编制条例》这一直接为部门规章和规范性文件划定禁区的做法，还需要进行相应解释。一方面，从党内法规与国家法律相互衔接与协调的角度上看，在国家法律体系内部直接作出法律规范设定内容的限制性规定，可能比通过党内法规直接对部门规章划定规定内容禁区更为妥实；另一方面，规范性文件是一个外延较为广阔的概念，上至中共中央、国务院联合发布的文件，下至最低层级行政机关发布的文件，都可能属于规范性文件的范畴，此款中的规范性文件的理解还需要加以限定。可见，政治属性原则与法律属性原则的结合，既是党内法规解

① 中共中央办公厅法规局编著：《中国共产党党内法规制定条例及相关规定释义》，法律出版社 2020 年版，第 25 页。

释论的重要依据，也是党内法规解释论的重点难点所在。

党内法规制度的兴起，既是党的十八大以来党中央坚持管党治党、全面从严治党的时代需要，也是加强党中央集中统一领导、不断提高党的执政能力和领导水平的现实需要。全面从严治党推进到哪里，党和国家事业发展到哪里，党内法规制度建设就要跟进到哪里。因此，党内法规的解释工作必须遵循尊重党内法规原意和适应党的事业发展、党的建设实际需要相结合的原则，前者体现出对立规初心的应有尊重，后者彰显了对时代需要的与时俱进。一方面，忠实于原意原则能够切实维护党内法规的权威性和严肃性，避免随意解释破坏了立规本意；另一方面，适应需求原则能够消解党内法规稳定性与党的领导和建设实践变化的动态性之间的矛盾，避免僵化解释滞后于实际需要。以《纪律处分条例》为例，为适应全面从严治党新的实践需要，党中央先后于 2015 年、2018 年两次修订重新印发，体现了党中央与时俱进地推进全面从严治党、依规治党事业的坚定决心和意志。《纪律处分条例》短短几年间虽历经两次修改，但很多条款的具体适用还需要通过务实精准的解释。例如，2018 年版《纪律处分条例》第八十七条增加了“其他特定关系人”，扩大了对党员干部违反廉洁纪律行为处分的范围。根据 2007 年中央纪委印发的《关于严格禁止利用职务上的便利谋取不正当利益的若干规定》，“特定关系人”主要是指与国家工作人员有近亲属、情妇（夫）以及其他共同利益关系的人。在反腐败斗争实践中，门生旧部、同乡同学、同僚战友等都有可能成为特定关系人。同样地，第九十三条中的“出入私人会所”也是顺应反腐败斗争新形势需要增加的规定。面对日趋隐蔽的腐败现象，特别是一些变相的具有私人会所性质的接待场所的出现，考验着监督执纪机关对《纪律处分条例》的理解适用能力。《纪律处分条例》制定及修改的原意就是持续推进反腐败斗争、对腐败现象保持高压态势，因而在“私人会所”的解释适用上就应当超越简单的名称和外在形式之争，看到特定私密场所承载的利益输送、以权谋私的本质属性，扫除一切隐形腐败现象滋生的土壤。可见，党内法规解释工作尊重原意与适应需求是辩证统一的关系，共同服务于新时代党的建设事业发展的需要。

党内法规制度建设是一个完整的系统工程，党内法规个别条款的适用则是具体的解释运用活动。因此，党内法规解释需要处理好特殊性与整体性之间的关系，避免陷入“只见树木、不见森林”的困境。对某一党内法规个别条款的解释，不仅要立足条款自身从文义上进行字面解释，或者作出必要的扩张性、限缩性解释，而且要考量某一党内法规的制定目的和基本精神，甚至还要从制度体系角度兼顾到其他党内法规的整体性理解适用。唯其如此，党内法规解释才能顺应时代发展要求，阐释好中国特色社会主义法治体系故事。

以“党员干部因拒绝组织提拔而被严肃处理”[①]一案（以下简称“拒绝提拔案”）为例，就可以真切感知党内法规解释适用的复杂性和严肃性。根据报道，案涉当事人某县财政局干部钟某、宛某的行为触犯了《纪律处分条例》和《中国共产党问责条例》（以下简称《问责条例》）中的相关规定。经县纪委常委会会议研究，决定给予钟某党内警告处分，给予宛某全县通报问责，并建议县政府将其调离县财政局；同时，该县财政局党组被全县通报问责。从党内法规整体性解释和具象化适用来看，这一典型事例就涉及多项党内法规的精准理解运用。一是《纪律处分条例》第七十二条“拒不执行党组织的分配、调动、交流等决定”的解释适用，即究竟是党组织正式作出的最终决定还是包括拟作出决定之前的过程性行为在内？二是《问责条例》第五条“问责对象是党组织、党的领导干部”的解释适用，即县财政局的科员和股长能否解释为领导干部？如果说对县财政局党组的通报能够适用《问责条例》相关条款规定，那么对并非“党组织领导班子主要负责人和班子成员”的案涉当事人的相关处分是否主要依据的还是《纪律处分条例》？三是中共中央办公厅2018年印发的《关于进一步激励广大干部新时代新担当新作为的意见》有关“激励机制和容错纠错机制”的解释适用，即对案涉当事人进行相应处理后是否就不能再提拔使用？有关“帮助干部汲取教训、改进提高，让他们放下包袱、轻装上阵”的规定，能否在《党政领导干部选拔任用工作

---

① 朱鹏、钰轩:《工作安排不容挑肥拣瘦》，载《中国纪检监察报》2019年7月19日。

条例》等相关党内法规中得以体现，从而实现党内法规制度体系内部的协调统一。“拒绝提拔案”的处理引起了媒体和公众的关注，这对加强党内法规的知识普及和理解适用具有助推作用。党内法规只有通过个案的精准化解释和具象化适用，才能真正落地生根，进而彰显党内法规制度的权威性和力量。

第五章
党规体系建成时代任务论

习近平总书记在庆祝中国共产党成立100周年大会上宣布，我们党已经“形成比较完善的党内法规体系”。党内法规体系的形成，标志着党内法规制度建设进入了一个全新的时代。按照中共中央2021年印发的《法治中国建设规划（2020—2025年）》（以下简称《法治中国规划》）的要求，体系形成后时代党内法规制度发展面临着“健全党内法规体系”“抓好党内法规实施”“强化党内法规制度建设保障”三项任务。对这些发展任务的理论阐释和制度落实，既是坚定不移推进依规治党的内在要求，也是贯彻实施习近平法治思想的应有之义。

一、健全党内法规体系的基本策略

党内法规体系建设从“形成”到“健全”，预示着建党百年之后的党内法规将朝着更加稳健、更加成熟的方向发展，“质量至上”“统一权威”将成为健全党内法规体系的基本原则。对标《法治中国规划》要求，健全党内法规体系的发展任务需要从如下四个方面着手。

（一）践行党内法规体系成熟的标准

作为中国特色社会主义法治体系的有机组成部分，党内法规制度建设本身就是一个内容丰富、结构严谨、逻辑自洽的体系。《法治中国规划》提出，要构建“内容科学、程序严密、配套完备、运行有效”的党内法规体系，为党内法规体系的日臻成熟提出了明确标准。[①] 所谓内容科学，是指党内法规制度建设要紧密联系管党治党的实践，始终以提高党的执政能力和领导水平作为标尺，使党内法规建设直接服务于新时代党的建设新的伟大工程的现实需要；所谓程序严密，是指党内法规的制定和实施活动必须始终遵循既定的方式、方法、步骤和时限要求，确保党内法规制度建设全过程的平稳有序；所谓配套完备，是指各位阶、各领域、各层面的党内法规建设能够上下贯通、左右相称、一体推进，形成结构完整、和谐一致的内在体系；所谓运行有效，是指党内法规制度体系能够在管党治党的实践中得到有效运用，促进党内法规制度建设作为全面从严治党“长远之策”“根本之策”地位的实现。这四个方面的要求构成了党内法规体系成熟的根本标准，为新时代党内法规体系的健全指明了方向。

作为“立规之规”,《制定条例》进一步完善了党内法规制定的程序要求，为内容科学的党内法规体系提供了基本的程序保障。为了充分调动广大党员的参与积极性，也为了在党内法规制定过程中更加充分地发扬党内民主，今后应当立足“全程参与”“有序参与”“有效参与”理念，积极创造条件使一线普通党员能够有机会参与到党内法规的制定过程之中，在增强党内法规民主性科学性的同时，保障党内法规实施后的可接受性。在主干性党内法规密集出台、党内法规体系初步形成之际，今后立规工作的重点应当转向下位阶配套性党内法规的及时制定，使党内法规体系的配套完备落到实处。“如果将构建党内法规制度体系比作盖房子，修订完善党章是夯基垒台，制定若干部准则条例等基础主干法规是立柱架梁，那么出台一大批规则、规定、办法、细则等配套法规就是添砖加瓦。”[②]2020 年 12 月 28 日，中共中央组织部连续发布《公务员考核规定》《公务员奖励规定》《公务员转任规定》《公务员回避规定》《公务员辞去公职规定》《公务员辞退规定》六部配套性党内法规，对贯彻落实党管干部原则，建设信念坚定、为民服务、

① “构建内容科学、程序严密、配套完备、运行有效的党内法规体系”早先已为修订后的《党内法规制定条例》第十五条所明确规定。因此，成熟的党内法规体系标准同时也具有刚性的党规依据。

② 宋功德:《全方位推进党内法规制度体系建设》，载《人民日报》2018 年 9 月 27 日。

勤政务实、敢于担当、清正廉洁的高素质专业化公务员队伍具有重要的推动作用。这种密集发布配套性党规的做法，有助于党内法规体系的不断健全，真正实现“党的建设推到哪里，党内法规制度建设就跟进到哪里”。在建党百年之际，党内法规制度建设的重点应实现从“以立规为中心”向“以执规为中心”的转移，使“文本上的党规”转化为“行动中的党规”，努力实现党内法规体系的运行有效。

（二）提升党内法规全生命周期的质量

坚持质量优先是党内法规制度建设的生命线。《制定条例》第一条将“提高党内法规质量”新增为立规目的之一，确保每一项党内法规都能够立得住、行得通、管得了。站在两个一百年的历史交汇点，立足新发展阶段，贯彻新发展理念，构建新发展格局，党内法规制度建设更应坚持走高质量发展道路，为依法治国与制度治党、依规治党统筹推进、一体建设提供全方位的制度支撑。《法治中国规划》明确提出了提高党内法规全生命周期质量的要求，将质量优先理念贯穿于党内法规制定、修订、清理和解释的全过程之中，实现各阶段党内法规制度建设环环相扣、同向发力。

在体系形成后时代，党内法规制度建设对全生命周期质量优先理念的贯彻，需要与时俱进地做好党内法规的解释、修订和清理工作。近年来，党内法规立规工作取得了长足发展，为依规治党提供了充分的规范依据。同时也应当看到，随着党的建设实践发展和执政党所处世情、社情、民情的变化，一些党内法规的条款设置方式还有待调整，一些党内法规的规定还要通过及时解释或修改回应现实发展的需求。以《中国共产党纪律处分条例》为例，中共中央继 2015 年 10 月首次修订之后，又根据全面从严治党新的形势、任务和要求，于 2018 年 8 月进行了二度修订，从指导思想、内容、程序和表述等方面进一步予以充实，使全面从严治党的思路举措更加科学、更加严密、更加有效。随着我们党对党的领导和自身建设规律认识的不断加深，今后更多党内法规需要及时进行修订。

（三）维系党内法规体系的统一权威

党内法规制定主体的多样性、调整领域的广泛性、制定频率的快速性和存在数量的庞杂性，都决定了保持党内法规自身体系权威性和统一性的必要。《党内法规制度建设意见》指出，党内法规制度体系是以党章为根本，以民主集中制为核心，以准则、条例等中央党内法规为主干，由各领域各层级党内法规制度组成的有机统一整体。党内法规体系形成本身不易，后续维系则更为重要。在党内法规制度建设的全过程中，必须按照《制定条例》第三十一条“效力位阶”的要求，始终维系党章作为党的总章程和根本法至高无上的地位，确保党内法规体系的统一性和权威性。

党内法规体系的维护任务主要依托党内法规备案审查制度实现。修订后的《中国共产党党内法规和规范性文件备案规定》将“维护党内法规和党的政策的统一性、权威性”作为立规的根本目的，将“有件必备、有备必审、有错必纠”作为备案审查工作应当坚持的基本原则，将“政治性审查、合法合规性审查、合理性审查、规范性审查”确立为备案审查的基本方法，这些新规定的落实有助于维护党内法规体系的统一性和权威性。在今后的党内法规备案审查制度运行中应当着重把握三点：一是突出“合章性审查”的特殊作用，确保党章作为“万规之本”“万规之基”“万规之首”“万规之王”的神圣地位；[①]二是需要进一步优化党政联合发文的备案审查制度，有效解决目前实践中党政联合发文井喷式增长与监督缺位和虚置之间的矛盾，避免党政联合发文的泛化；[②]三是参照近几年来全国人大常委会法制工作委员会在全国人大常委会会议上公开报告年度备案审查情况的做法，增强党内法规备案审

① 宋功德：《坚持依规治党》，载《中国法学》2018 年第 2 期。

② 封丽霞：《党政联合发文的制度逻辑及其规范化问题》，载《法学研究》2021 年第 1 期。

查制度的刚性约束。[①]

（四）形成党规国法相向而行的格局

作为中国特色社会主义法治体系中最具本土生命力的元素，党内法规制度现象的出现，为人类法治文明进步贡献了中国智慧和中国方案。党内法规制度是对全体党员的要求，国家法律是对全体公民的要求，妥善处理好党内法规与国家法律之间的关系，就会不断增强社会主义法治体系的生机与活力。习近平总书记指出：“全面推进依法治国，必须努力形成国家法律法规和党内法规制度相辅相成、相互促进、相互保障的格局。”[②]这种相向而行格局的形成，有赖于党内法规同国家法律直接的衔接和协调。所谓衔接，是指党内法规与国家法律这两套制度系统之间要实现无缝隙对接；所谓协调，是指党内法规与国家法律对同一事项各有侧重的规定之间要避免规范冲突。唯其如此，党内法规与国家法律才能实现“各有侧重、功能互补”“交替领跑、相互强化”“互为依托、互相借力”的生动和谐发展局面。[③]

国家法律和党内法规相辅相成、相互促进、相互保障格局的形成，是建设中国特色社会主义法治体系一项长期而艰巨的任务，需要在法治实践中不断总结经验和提炼规律。例如，为加强党对某方面工作的领导，执政党先后在扶贫脱贫、生态文明建设、安全生产、食品安全等领域实行“党政同责”，通过《脱贫攻坚责任制实施办法》《生态文明建设目标评价考核办法》《地方党政领导干部安全生产责任制规定》《地方领导干部食品安全责任制规定》等党内法规予以明确。2021 年 1 月 4 日，中共中央、国务院制定《关于全面推进乡村振兴加快农业农村现代化的意见》，明确提出“实行粮食安全党政同

① 最近的一次报告是 2021 年 1 月 20 日全国人大常委会法制工作委员会主任沈春耀在十三届全国人大常委会第二十五次会议上所作的“关于 2020 年备案审查工作情况的报告”，以数据形式公开翔实展示了备案、主动审查、专项审查、依申请审查、移送审查、纠正处理及推进备案审查制度和能力建设的基本情况。http://www.npc.gov.cn/npc/c30834/202101/239178b5d03944c7b453ddc6bdd7c087.shtml，2021 年 2 月 25 日访问。

② 习近平：《论坚持全面依法治国》，中央文献出版社 2020 年版，第 96 页。

③ 宋功德：《坚持依规治党》，载《中国法学》2018 年第 2 期。

责”，使粮食安全成为第五个实行党政同责的领域。这些党内法规和政策性文件的及时发布，与相关领域原本存在的国家法律一起共同构成了政府治理体系的制度规范，形成了极具中国本土监管特色的“党政联合治理”模式。[①]又如，为了加强党对政法工作的领导，中共中央在2019年1月印发《中国共产党政法工作条例》，以基本党内法规形式将“坚持和加强党对政法工作绝对领导”确立为立规的根本目的，同时明确“支持政法单位依法履行职责，保证司法机关依法独立公正行使职权”为政法工作的一项基本原则，实现了党内法规与国家法律之间的互联互通。2015年3月，中共中央办公厅、国务院办公厅联合印发《领导干部干预司法活动、插手具体案件处理的记录、通报和责任追究规定》，中央政法委印发《司法机关内部人员过问案件的记录和责任追究规定》，筑起了保障司法机关依法独立公正行使职权的“制度防线”。[②]2018年10月，十三届全国人大常委会第六次会议修订通过的《人民法院组织法》第五十二条对此进一步予以确认。这是国家法律和党内法规之间相辅相成、相互促进、相互保障局面实现的生动例证，其经验值得在其他领域推广。

二、激活党内法规实施的主要机制

党内法规的生命力在于实施，党内法规的权威也在于实施。不断提高党内法规执行力，一直是党内法规制度建设的重点，也是党内法规制度建设中的短板。党的十八大以来，党中央以零容忍、全覆盖的姿态深入推进反腐败斗争，取得了压倒性的胜利。从媒体公开披露的一些腐败样本上来看，对相关党内法规不了解或存在侥幸心理是腐败官员走上违纪违法犯罪道路的原因之一。立规不易，施规更难。在党内法规体系形成后时代，应当及时将党内法规实施摆在首要位置，真正让“铁规”生威发力，让尊法守规成为党员特别是党员领导干部的自觉行动。“只有铭刻在人们心中的法

① 章志远：《监管新政与行政法学的理论回应》，载《东方法学》2019年第2期。
② 黄文艺：《坚持党对全面依法治国的领导》，载《光明日报》2021年2月8日。

治，才是真正牢不可破的法治。”[①] 在中国特色社会主义法治体系提出多年的当下，更应理直气壮地激活党内法规的有效实施，及时补齐法治建设中的最大短板。对标《法治中国规划》要求，激活党内法规实施的主要机制包括如下三个方面。[②]

（一）营造学习党内法规的浓郁氛围

我们党是学习型政党，在百年奋斗征程中始终学习各种适应时代发展需要的新知识、新理论、新思维，进而凝聚起领导人民进行社会革命的磅礴伟力。党的十八大以来，党内法规制度建设在管党治党、全面从严治党方面发挥了举足轻重的作用，对推进国家治理体系和治理能力现代化、维护党长期执政和国家长治久安具有十分特殊的意义。经过多年的不懈努力，“治国必先治党，治党务必从严，从严必依法度”的观念已经深入人心。在这种新的时代背景之下，应当充分发挥我们党政治动员的组织优势和宣传优势，自上而下掀起学习党内法规、讲好中国共产党新时代坚持统筹推进依法治国和依规治党的故事。

2021 年 2 月 20 日，党中央举行党史学习教育动员大会，部署在全党开展党史学习教育。这是营造浓郁学习党内法规社会氛围的重要时机，应当将我们党坚持依规治党的历史融入党史学习教育过程之中，使广大党员特别是党员领导干部成为尊规学规守规用规的模范。在这次集中主题学习教育活动之后，应当及时按照级别、领域、行业的不同，为各级党员领导干部制定“量身定制”式的党内法规制度学习菜单，提高不同岗位、不同层级党员领导干部的履职能力，切实防范履职风险。《法治中国规划》提出，要把抓“关键少数”和管“绝大多数”统一起来。“领导干部装腔作势、装模作样，当面

---

① 习近平：《论坚持全面依法治国》，中央文献出版社 2020 年版，第 135 页。

② 有学者将党内法规实施体系构建的科学路径归纳为“确立强有力的利益导向”“进行全方位的机制设计”“探索高效率的效果反馈”三个方面。其中，机制设计涵盖了公布机制、传播机制、解释机制、学习机制、责任机制、督查机制、追究机制和备案机制八个方面。参见金诚波：《论党内法规实施体系的构建》，载《中共中央党校（国家行政学院）学报》2021 年第 1 期。

是人、背后是鬼，老百姓就不可能信你那一套，正所谓‘其身正，不令而行；其身不正，虽令不从’。”[①] 在这方面，2018 年全民学习宪法和 2020 年全民学习民法典的有益经验值得总结推广，真正提高党内法规学习的实际成效，避免在学习活动中搞形式主义、走过场。

（二）持续加大党内法规的公开力度

党内法规体系形成之后，应当践行“走出去”的发展战略，让党内法规制度建设的成就为社会公众广泛知晓，进一步提高党内法规的公众普及度。按照《制定条例》第二十九条第三款的规定，党内法规除涉及党和国家秘密不得公开或者按照有关规定不宜公开外，应当在党报党刊、重点新闻网站、门户网站等党的媒体上公开发布。2017 年 12 月，中共中央印发《中国共产党党务公开条例（试行）》，第七条第一款也确立了“除涉及党和国家秘密不得公开或者依照有关规定不宜公开的事项外，一般应当公开”的基本原则。随着我们党治国理政经验的日臻成熟，应当对“按照有关规定不宜公开”逐步进行限缩性解释，确立“应公开尽量公开”的基本原则。持续加大党内法规的公开力度，既是彰显我们党“四个自信”的体现，也是党内法规制度建设走向成熟的标志。只有让更多党内法规向全党或全社会公开，才能保障党内法规的规定真正落地生根。

（三）落实党内法规执行责任

党内法规实施的激活有赖综合施策，推行执行责任制是其中的关键一环。2019 年 9 月，中共中央印发《中国共产党党内法规执行责任制规定（试行）》，就执规责任制的组织架构、责任主体、责任内容、执行措施作出了详尽规定。有学者将党内法规执行机制的模式概括为：党委党组全面领导，贯彻于党规执行；纪委保障党规执行，对违反党规行为予以处理；党的职能部门具体履行党规执行；党的基层组织通过党建方式推动党规执行。[②] 作为常

① 习近平：《论坚持全面依法治国》，中央文献出版社 2020 年版，第 141—142 页。

② 陈莹莹：《党内法规执行机制研究》，载《法学评论》2020 年第 3 期。

态化的党内法规实施机制，党内法规实施评估和督察追责的激活尤为重要。实施评估制度旨在客观勾勒党内法规落实的具体情况，督察追责则是刚性的督促党内法规实施的制度安排，二者的结合适用能够织起党内法规实施的机制之网。党的十八大以来，中央八项规定的执行取得了良好的社会效果，对扭转党风、政风、社风发挥了重要作用，被誉为改变中国的“铁八条”，其有益经验就在于“抓住关键少数、坚持以上率下”“注重环环紧扣、形成完整实施链条”“‘常’抓抓‘长’、健全长效机制”。[①]这些来自党内法规实施局部实践的成功经验，值得进一步总结推广，使“有规必依、执规必严”成为党内法规体系形成后时代的新常态。

三、强化党内法规制度建设的保障

作为中国特色社会主义法治体系中最富有生机活力和原创性的组成部分，党内法规体系的形成、实施、完善和发展，都与党的自身建设和党的领导、执政活动密不可分，党内法规制度建设终究离不开强大的专业人才保障。无论是党内法规的立改废释和贯彻执行，还是党内法规的学理阐释和观念传播，都需要打造代代相传的专业工作队伍和后备人才队伍。在党内法规体系形成后时代，面对法学领域“冰火两重天”的局面，中国法学界应当“深刻把握党内法规作为新时代中国法学新范畴的变革性意义，积极将党内法规融入中国特色社会主义法学话语体系，积极推动党内法规学理研究和人才培养事业大发展”。[②]对标《法治中国规划》要求，党内法规制度建设的人才保障主要体现在如下三个方面。

（一）建设德才兼备的党内法规专门工作队伍

坚持建设德才兼备的高素质法治工作队伍是习近平法治思想的核心要义

---

① 宋功德：《坚持依规治党》，载《中国法学》2018 年第 2 期。

② 王伟国：《党内法规作为新时代中国法学新范畴论纲》，载《中共中央党校（国家行政学院）学报》2021 年第 1 期。

之一。《全面依法治国决定》指出，全面推进依法治国，必须大力提高法治工作队伍思想政治素质、业务工作能力、职业道德水准，着力建设一支忠于党、忠于国家、忠于人民、忠于法律的社会主义法治工作队伍，为加快建设社会主义法治国家提供强有力的组织和人才保障。如同立法队伍、行政执法队伍、司法队伍、监察队伍一样，高素质的党内法规专门工作队伍也是社会主义法治工作队伍的重要组成部分。党内法规的制定、解释、修改、备案审查、清理、评估等具体工作，都是由党内法规工作机构的人员担任的。这些人员的政治素质、法律素质和专业能力，直接决定着党内法规制度建设的质量。在党内法规已成为中国特色社会主义法治体系的当下，应将党内法规专门工作队伍建设纳入党和国家法治工作队伍建设的全局中加以谋划，使之能够胜任党内法规体系形成后时代党内法规制度建设的重任。

习近平总书记指出："要按照政治过硬、业务过硬、责任过硬、纪律过硬、作风过硬的要求，努力建设一支信念坚定、执法为民、敢于担当、清正廉洁的政法队伍。"[①]党内法规工作机构人员肩负着立规、释规、执规、普规的神圣使命，毫无疑问需要符合"五硬"的基本要求。从加强党的全面领导和深入推进依规治党的要求上看，应当系统谋划好党内法规专门工作队伍建设，尤其要把握好"入口关""培养关""晋升关"。首先，要明确党内法规工作机构人员入职的政治标准和法律标准。就政治标准而言，除了中共党员的党派要求外，还应当具备至少两年以上的党务工作经验；就法律标准而言，入职者应当通过国家法律职业资格统一考试。其次，要通过组织定期专业能力培训和不同岗位挂职锻炼等方式，全面提升党内法规工作机构人员的专业素养。根据《制定条例》第八条第二款的规定，中央办公厅承担党内法规制定的统筹协调和督促指导工作。作为党内法规制度建设的主导机构，中央办公厅法规局可将全国党内法规工作机构人员培训事务纳入统筹协调之中，发挥党内法规高端培训桥梁枢纽作用。同时，可以参照最高人民法院、最高人民检察院从地方法院、检察院借调法官、检察官完成专项任务的有益经验，

① 习近平:《论坚持全面依法治国》，中央文献出版社 2020 年版，第 55 页。

为地方党委党内法规工作机构人员开阔视野提升能力提供参与锻炼机会。最后，要为党内法规工作机构人员晋升提供有效通道。党内法规工作政治性强、专业性高，从业人员成长需要一定周期。如果晋升通道不畅，就可能造成专业人才流失。为此，可以参照《法官法》《检察官法》有关入额法官、检察官晋升做法，为党内法规工作机构专职干部提供稳定的职业保障。

（二）造就守正创新的党内法规理论研究队伍

近年来，国内法学、政治学、党史党建等学科的一些学者围绕党内法规制度建设的理论和实践展开了初步研究，一些科研院校或联合实务部门或单独成立了若干党内法规理论研究机构，推出了一批党内法规理论研究成果。不过，党内法规研究繁荣表象的背后还存在诸多“隐忧”：法学界对党内法规融入中国特色社会主义法治体系的学理阐释和内心接受度还不够；不同学科研究者时常陷入身份认同的尴尬境地；党内法规研究者还存在跨学科知识的短板；党内法规研究方法运用不够娴熟；党内法规理论研究与实践之间缺乏有效沟通；年轻研究者对党内法规理论研究的前景不够自信。这些问题的存在，反映出党内法规理论研究还跟不上党内法规制度建设快速发展的实践。为此，《法治中国规划》明确提出，加快补齐党内法规理论研究方面短板，重点建设一批党内法规研究高端智库和研究教育基地，推动形成一批高质量的研究成果，引领和聚集一批党内法规研究人才。

站在中国共产党坚持依法治国、依法执政、依法行政共同推进的治国理政方略新起点上，党内法规理论研究短板补齐的关键就在于法学界要解放思想与时俱进，真正将中国特色社会主义法治体系的丰富内涵阐释好、宣传好、发展好。“旗帜鲜明地将党内法规作为法学的新范畴，理直气壮地将法学的研究对象明确为依法执政之‘法’，既是新时代中国法学的历史使命，也是中国法学转型升级的新的逻辑起点。”[①] 可见，造就守正创新的党内法规理论

---

① 王伟国：《党内法规作为新时代中国法学新范畴论纲》，载《中共中央党校（国家行政学院）学报》2021 年第 1 期。

研究队伍已经成为党内法规体系形成后时代的一项紧迫任务。当前，应当充分利用庆祝建党百年和深入学习贯彻习近平法治思想的大好时机，着力解决好多年来困扰党内法规理论研究发展的体制机制“瓶颈”，在党内法规学科单独设置、全国性党内法规研究团体组建、党内法规研究资源倾斜性配置方面迈开坚实步伐，锻造政治过硬、学风过硬、业务过硬的党内法规理论研究队伍，在守正创新中讲好百年大党全面从严治党、依规治党的千秋故事。

（三）加快党内法规后备专业人才的培养步伐

中国共产党立志于中华民族伟大复兴的千秋伟业，百年恰是风华正茂。作为党的建设事业重要组成内容的党内法规制度建设，其兴旺发达同样需要一代又一代德才兼备的后备专业人才的接续奋斗。习近平总书记指出：“法治人才培养上不去，法治领域不能人才辈出，全面依法治国就不可能做好。”[①]在全面推进依法治国成为中国共产党治国理政的基本方略、党内法规体系成为中国特色社会主义法治体系有机组成部分的当下，应当以党的“新三大法宝”（依法治国、党的建设和统一战线）为指导方针，创新法律治理人才的培养机制。[②]《法治中国规划》明确提出，要健全后备人才培养机制，加强党内法规学科建设，为党内法规事业持续发展提供人才支撑。

高校是法治人才培养的第一阵地。高校能否建成种类齐全、内涵丰富的党内法规学科体系，关系到党内法规后备人才的培养质量。作为特殊类型的法治专门人才，党内法规后备人才培养更要着重解决好“为谁教”“教什么”“教给谁”“怎样教”的问题。党内法规后备专业人才培养可以分为三个层次：第一层次是党内法规博士研究生培养。其职业定位主要是党内法规师资队伍、理论研究队伍和高层次实务工作队伍，其培养方案应遵循复合型、宽口径思路，倡导推行法学专业和非法学专业双导师制，努力培养出能够与百年大党辉煌成就相匹配的党内法规高端人才。第二层次是党内法规硕士研

① 习近平：《论坚持全面依法治国》，中央文献出版社2020年版，第174页。

② 程金华：《法律人才与中国“新文治”》，载《中国法律评论》2021年第1期。

究生培养。其中，学术型硕士研究生的职业定位是继续攻读党内法规博士研究生，实务型硕士研究生的职业定位是各级党委党内法规工作机构专门人员。倡导推行理论与实务双导师制，让党内法规工作机构的专门人员参与到在校硕士研究生的培养过程之中，强化党内法规实践教学，缩短党内法规理论与实践之间的距离。第三层次是大学生党内法规普及教育。应将党内法规基本知识引入到本科生教学过程之中，树立新时代大学生的党规意识，吸引更多年轻大学生关注党内法规制度建设，积极报考党内法规硕士研究生。只有通过分类施策和精准培养，党内法规后备人才梯队才能渐次形成。2021 年 2 月 4 日，教育部学位管理与研究生教育司、司法部律师工作局联合下发《关于实施法律硕士专业学位（涉外律师）研究生培养项目的通知》，此举对推动涉外法治专业人才培养具有重要意义。对党内法规人才培养中间层的实务型硕士研究生而言，可以参照涉外法治人才培养模式，通过特事特办、急事快办满足党内法规制度建设实践的特殊需求。

第六章
党内法规研究机构使命论

一、研究机构的角色定位

党的十八大以来，党内法规研究机构在全国各地纷纷建立起来，呈现出“星星之火，可以燎原”之势。在这一时代背景下，党内法规研究机构肩负着光荣而特殊的历史使命，应当着眼于四个层面完成其应有的社会担当，在中华民族伟大复兴的中国梦实现过程中发挥重要的推动作用。

（一）党内法规理论研究的领跑者

相比较快速推进的制度建设而言，党内法规理论研究的滞后状况亟待改变。与学者个体户式的分散型研究相比，党内法规研究机构的设立为集团式研究提供了某种可能。无论是实体性、半实体性还是非实体性的专业研究机构，在整合研究资源、汇集研究信息、聚焦研究重点等方面都具有明显优势，能够快速形成党内法规理论研究的规模效应。为此，各类党内法规研究机构要勇做理论研究的领跑者，团结法学、政治学、马克思主义等相关学科同仁从不同侧面协同推进党内法规理论研究，促使作为一门独立学科的“党内法规学”的早日建成。总体而言，党内法规研究机构当下亟须从三个方面引领党内法规研究取得实质性进展：一是价值论研究，要从法理高度回答“党内法规是什么”“党内法规为何重要”“党内法规与国家法律关系如何”等元命题；二是本体论研究，要着眼体系化建构回答“党内法规包括哪些内容”“党内法规包括哪些基本范畴”“党内法规体系如何建构”等基础问题；三是运行论研究，要从活法角度回答“党内法规如何得到有效实施”“违反党内法规如何追责”等现实问题。经由上述三方面研究的整体推进，党内法规理论研究碎片化的局面有望得到彻底改变。

（二）党内法规制度建设的助力者

《二五规划》指出：“要适应新时代坚持和加强党的全面领导、以党的政治建设为统领全面推进党的各项建设的需要，到建党100周年时形成以党章为根本、以准则条例为主干，覆盖党的领导和党的建设各方面的党内法规制度体系，并随着实践发展不断丰富完善。”当前，我们党已经形成比较完善的党内法规体系，但是党内法规制度建设只有进行时、没有完成时。随着新时代党的建设和党的事业昂首阔步前进，党内法规制度建设也必须与时俱进、改革创新。对于正在成长之中的党内法规研究机构而言，这恰恰又蕴含着寻求外力支持、服务中央和地方立规需要的契机。为此，中央和地方立规机关可采取委托起草、参与调研论证、委托评估清理等多种灵活方式，广泛吸纳党内法规研究机构全方位参与党内法规制定工作，既能够有效缓解自身面临的巨大工作压力，又能够为党内法规研究机构发展搭建新的平台。当然，各类党内法规研究机构也应当主动作为，通过自身学术实力和社会影响力的多方面展示，赢得立规机关的认可成为党内法规制度建设的助力者。

（三）党内法规人才培养的推动者

面对党内法规理论研究和制度建设巨大的社会需求，党内法规专门人才培养工作刻不容缓。鉴于目前高等院校学科设置的壁垒，党内法规研究机构要积极争取并牢牢把握专业人才培养的主导权，为党内法规学科建设、理论研究和社会服务及时储备和输送高端人才。一方面，党内法规研究机构可依托现有的宪法学与行政法学科、法理学科和马克思主义学科等相关学科招收博士、硕士研究生，并进行集中单独培养；另一方面，有条件的党内法规研究机构可利用自主设置二级学科的便利，及时启动党内法规方向博士、硕士研究生独立招生和培养工作。考虑到党内法规“既姓法”“又姓党”的特点，党内法规方向博士、硕士研究生的培养需要拓宽思路，坚持交叉型、集约化、理论实务兼顾的发展思路，其核心机制包括生源背景的多样化（法学、党建、马克思主义、政治学等专业）、师资来源的多样化（法学、党建、马克思主义、政治学等专业学者及立规机关实务专家）、培养方式的多样化（专业课程学习、立规实践活动参与、党规课题研究等）等，最终形成“官教兵”“兵教兵”“兵教官”的生动局面，推动党内法规高端人才快速培养成长。

（四）党内法规中国故事的传播者

除了在理论研究、制度建设和人才培养方面主动担当、积极作为之外，党内法规研究机构还肩负着重要的党规知识传播任务，争做“中国故事”的及时传递者和精准讲叙者。讲好中国故事就是讲好中国共产党的故事，讲好中国共产党推进依法治国和依规治党有机统一的故事。面对风云变幻的国际形势和错综复杂的经济社会发展任务，必须始终增强“四个意识”、坚定“四个自信”，努力做党内法规中国故事的传播者。为此，党内法规研究机构应当自觉担负起“科普”任务，向不同层次的人士讲好中国共产党制度治党、依规治党的故事。一方面，党内法规研究机构要面向高等院校师生（尤其是在校大学生）、党政机关干部和各阶层社会人士做好理论宣传工作，用依规治党思想武装广大师生、干部和群众头脑，努力强化国民爱党爱国意识，共同推动中华民族伟大复兴的中国梦的实现；另一方面，党内法规研究机构要通过文本著述翻译、学术研讨、合作研究等多种形式“走出去”，在国际舞台上展示中国共产党努力推进政党治理法治化的新形象，传递中国共产党锐意改革、践行法治的新气象，使中国特色社会主义法治理论体系和话语体系走向世界。

二、研究机构的时代使命

党的二十大通过的党章首次提出“不断健全党内法规体系”，标志着党内法规制度建设进入全新的时代。伟大时代呼唤伟大理论，伟大时代孕育伟大理论。在党内法规理论研究迅速兴起的当下，党规研究者应当形成集体性理论自觉，在明确历史使命的基础上对党内法规价值论、本体论和运行论展开前瞻性、建设性和持续性研究，推动党内法规理论体系、制度体系和实施体系的形成。

（一）党内法规科学的法理阐释

历史地看，在长期的革命、建设和改革过程中，党内法规都受到了不同程度的重视。近年来，党内法规之所以能够迅速成为党内外关注的中心，直接缘于党中央一系列治国理政新理念新思想新战略的提出，特别是全面依法治国和全面从严治党的生动实践为党内法规提供了空前的发展机遇。因此，新时代党内法规研究的首要使命就在于讲好“中国故事”，从不同层面科学阐释党内法规的基本法理，自觉增强“四个自信”。具体来说，党内法规科学的法理阐释至少包括五项任务：一是党内法规的语义分析。通过对“党”“内”“法”“规”四字深度的语义分析，精准界定党内法规的内涵，使其与党的主张、党的政策、党的纪律、党内规矩、党内规范性文件等邻近概念相互区分，助力党内法规成为新的独立的法学基本范畴。二是党内法规的正当性论证。党内法规是我们党长期执政形成的制度成果，是中国特色社会主义法治体系的有机组成内容。党内法规的出现，在事实上改变了长期以来国家法律一元主义的格局，逐渐形成了党规国法二元并存的法治新格局。面对思想理论上可能存在的迷茫和困惑，应当立足历史、现实和未来的不同语境，通过党内法规外部和内部视角的观察，运用法治和党建的各种理论资源论证党内法规存在的正当性，扫清影响党内法规研究深入开展的认识障碍。三是党内法规的基本范畴。理论体系和话语体系的建构离不开基本范畴的确立和系统化。党内法规理论体系的形成，需要在提炼若干基本范畴的基础上完成。无论是援引法学基本范畴的分析模式，还是阐释经典政论文献中的特定术语，都应当以揭示党内法规自身的特征为前提。四是党内法规的法理属性。党内法规的兴起，固然与“党要管党”“全面从严治党”制度保障的政治需要有关，但“中国共产党领导是中国特色社会主义最本质的特征”已经载入宪法，党内法规同样成为党总揽全局、协调各方的重要遵循。可见，党内法规具有政治属性和法律属性的双重特征，个中所蕴含的法理应当获得充分阐释。五是党内法规与国家法律的关系定位。在党规与国法并进同行的法治新时代，必须正确处理好二者之间的关系定位。“依法治国和依规治党有机统一”的实现，有赖于“党内法规同国家法律的衔接和协调”。为此，在承认党内法规与国家法律二者之间差异性的同时，应当重点阐释二者之间的相融性，深入研究二者之间相互衔接和协调的具体场域和技术接口，真正形成二者相辅相成、相互促进、相互保障的格局。

（二）党内法规理想的制度构造

相对于理论研究的滞后而言，党内法规的实践已经取得了快速发展。《二五规划》指出：“要适应新时代坚持和加强党的全面领导、以党的政治建设为统领全面推进党的各项建设的需要，到建党 100 周年时形成以党章为根本、以准则条例为主干，覆盖党的领导和党的建设各方面的党内法规制度体系，并随着实践发展不断丰富完善。”在两个五年规划的指引下，一大批党内法规得以密集出台，党内法规体系初具规模。同时也应当看到，党内法规制定还存在不均衡、不匹配、不协调等问题，“完善的党内法规体系”建设仍然任重道远。为此，新时代党内法规研究的第二项使命就在于谋求理想的党内法规制度构造，为依规治党提供充足的规范依据和良好的制度框架。易言之，党规研究者需要借助类型化的研究方法，使数量庞杂的党内法规能够根据科学的分类标准归入相应的党规部门，形成逻辑严密、内容完整、结构合理的党内法规有机体。具体来说，党内法规体系的理想构造可从“参照国法”和“遵循特色”两个角度进行研究。前者是指对标国家法律部门划分的一般标准，按照“宪法—刑法—民法—行政法—诉讼法”的逻辑顺序，建构理想的党内法规制度体系；后者是指遵循党内法规的特殊使命和功能分区，按照“党章—组织法规—领导法规—自身建设法规—监督保障法规”的逻辑顺序，建构覆盖新时代党建各方面的党内法规制度体系。从党规国法相融性上来看，未来在党的组织法规方面要贯彻党组织法定主义原则，规范党的各级各类组织的产生和职责，健全机构编制法规；在党的领导法规方面要贯彻党依法领导的基本理念，为发挥党的总揽全局、协调各方领导核心作用提供基本遵循；在党的自身建设法规方面要贯彻依法建党原则，使党的政治建设、思想建设、组织建设、作风建设和纪律建设始终在法治轨道上运行；在党的监督保障法规方面要贯彻监督保障有据原则，依法规范对党组织工作、活动和党员行为的监督、考核、奖惩和保障。

（三）党内法规有力的运行保障

《全面依法治国决定》指出："法律的生命力在于实施，法律的权威也在于实施。"就党内法规的法律属性和时代使命而言，也必须经由有力实施形成良规善治的局面，进而实现党内法治的美好目标。为此，新时代党内法规研究的第三项使命就在于探索党内法规有效运行的保障机制，真正使其成为管党治党的"活法"和"利剑"。除了弘扬"有规可依、有规必依、执规必严、违规必究"的党内法规运行理念外，党规研究者要善于发现、总结提升党内法规执行力的有效机制，揭示其内在的运行机理。以党的十八大以来中央八项规定不折不扣地贯彻落实为例，回应群众期待、广泛发动宣传、坚持以上率下、强化监督检查、加大追责力度、真抓常抓不懈就是其能够改变中国的秘诀之所在。历史的经验表明，办好中国的事情关键在党。因此，立意高远、质量上乘的党内法规能否得到有效实施就成为新时代党内法治建设的重心。具体来说，公开机制、督察机制和问责机制的健全构成了党内法规有力运行的保障体系。其中，公开机制的目的在于实现去魅化，使党内法规为全党全社会所熟知，营造"党政军民学"家喻户晓的浓郁氛围，为普通党员监督领导干部、人民群众监督全体党员创造条件；督察机制的目的在于形塑紧箍咒，使党内法规在不同层级和不同部门都能够得到全方位落实，为经常性执规追责奠定基础；问责机制的目的在于维系刚性化，使党内法规的引领和威慑作用得以充分发挥，确保党永远保持先进性和纯洁性，从而担负起团结带领全国各族人民实现中华民族伟大复兴的中国梦的神圣使命。

三、研究机构的聚焦课题

站在新的历史起点上，党内法规研究机构应当聚焦如下五个重大理论问题。

（一）党内法规的法理属性

作为一类法治新现象的党内法规，其自身究竟应当如何科学定位，其本质属性究竟应当如何准确理解，这些都是党内法规理论研究必须回答的原命题。综观既有的理论研究，学术界动用了“软法”“社会法”“高级法”“活法”等多种理论资源，试图从不同角度阐释党内法规的法理属性。《全面依法治国决定》将“形成完善的党内法规体系”明确列举为中国特色社会主义法治体系的重要组成内容，党内法规已经成为中国共产党管党治党、治国理政的重要制度资源。在这一新的时代背景之下，理论研究工作者需要跳出传统的法学认识分析框架，从中国特色社会主义法治演化的特殊性上去解读党内法规的法理属性。这种特殊性要求既不能简单地对“党内法规”进行拆解式的语义分析，也不能简单地照搬国家法律对党内法规进行比附式的属性分析。伟大时代呼唤伟大理论，伟大时代也孕育伟大理论。作为一个历经百年的马克思主义政党，中国共产党依规治党的故事完全能够为党内法规的法理解读提供极为丰富的理论和实践素材。

（二）党内法规的基本范畴

随着党内法规数量的不断增加和执行力度的不断提高，党内法规课程体系、教材体系和人才培养体系也得到热议，作为独立学科的党内法规学开始萌动。一门学科的建立和成熟，有赖于学科基本范畴的明确和体系化。就法学新现象的党内法规而言，其自身拥有哪些特殊的基本范畴，这些基本范畴遵循何种内在的逻辑构筑成完整的理论体系，都是新时代党内法规研究必须直面的课题。学术界先后提出了“党内法规与党内法治”“领导与执政”“民主与集中”“权利与义务”党内法规四对范畴及“依规治党与依规执政”“党的建设与党的领导”“党内民主与党内权威”“党规权力与党规权利”“党内法规与党内法治”党内法规学五对基本范畴，丰富了党内法规基本范畴的认知，对作为独立学科的党内法规学建立具有重要的指引作用。鉴于党内法规自身的内容涵盖性较广，同时也考虑其效应具有相应的溢出性，因而党内法规基本范畴的确立需要立足于规内和规外两个层面展开。从制度建设的实践经验和管党治党的现实需求来看，“党的领导权与党的执政权”“党的自我建设与党的领导一切”“党员义务与党员权利”是亟待厘清的三对基本范畴。

（三）党规国法的关系定位

党内法规与国家法律之间的关系是中国特色社会主义法治建设必须回答的根本问题。同为中国特色社会主义法治规范的组成内容，党内法规与国家法律在制定主体、规范事项、调整对象、规范数量、规范要求、规范效力等方面都存在着明显差异，但二者之间也并非毫无关联。就思想认识层面而言，任何随意拔高或者有意矮化二者关系的言说都是不足取的。党内法规与国家法律之间存在着类似“比翼鸟”和“连理枝”的关系，真可谓是“剪不断、理还乱”。要从规范文本的深入阅读和实践分析中，将二者关系的具体形态予以类型化，避免陷入“党规脱法”或“党内入法”的极端境地。例如，中央八项规定原本是约束党员和领导干部行为的，但事实上已经“溢出”党内并在更为广泛的人群中发挥影响作用；又如，国家公务员除了要遵守《公务员法》之外，党员公务员还必须遵守《纪律处分条例》的规定。为此，学术界应当从并行论、一体论和融合论等不同侧面全方位揭示党内法规和国家法律之间的复杂关系，注重党内法规同国家法律的衔接和协调，努力消除党内法规与国家法律之间的冲突，真正形成国家法律和党内法规制度相辅相成、相互促进、相互保障的格局，切实增进中国特色社会主义法治道路自信、理论自信、制度自信和文化自信。

（四）党内法规的体系构造

加强党内法规制度建设、完善党内法规制度体系，既是全面从严治党、依规治党的必然要求，也是全面推进依法治国的应有之义。党的十九大报告提出："增强依法执政本领，加快形成覆盖党的领导和党的建设各方面的党内法规制度体系，加强和改善对国家政权机关的领导。"《二五规划》则进一步明确提出，要适应新时代坚持和加强党的全面领导、以党的政治建设为统领全面推进党的各项建设的需要，到建党100周年时形成以党章为根本、以准则条例为主干，覆盖党的领导和党的建设各方面的党内法规制度体系，并随着实践发展不断丰富完善。党内法规制定质量明显提高，执行力明显提升，系统性、整体性、协同性明显增强。党的二十大报告在总结新时代十年伟大变革的成就时，提出"形成比较完善的党内法规体系"的论断。党内法规制度建设美好的蓝图指引着党内法规理论研究前进的方向。为此，学术界需要从体系建构和流程改造两个方面进行努力，真正实现中国共产党良规善治的局面。一方面，要根据宪法和党章的要求，从四个方面对党内法规制度体系进行科学建构。在组织法规方面要贯彻党组织法定主义原则，规范党的各级各类组织的产生及其职责，健全党的机构编制法规；在领导法规方面要贯彻党依法领导的基本理念，为党总揽全局、协调各方领导核心作用的发挥提供基本遵循；在自身建设法规方面要贯彻依法建党原则，使党的政治建设、思想建设、组织建设、作风建设和纪律建设始终守住法治底线要求；在监督保障法规方面要贯彻手段有据原则，依法规范对党组织工作、活动和党员行为的监督、考核、奖惩和保障。另一方面，要从依法立规、民主立规、科学立规的角度精心设计改造党内法规的制定流程，将民主、开放、协商、科学的元素融入每一个环节，真正保障良规的出台。为此，可以参酌《立法法》《行政法规制定程序条例》《规章制定程序条例》相关的制度规定，在党内法规的规划、立项、起草、审议、备案、解释、评估和清理的全流程中逐步实现技术更新，促使党内法规质量的明显提升，使其在保持党言党语的基础上增强应有的法言法语。

（五）党内法规的保障机制

党内法规的权威来源于实施，党内法规的生命力也来源于实施。党的十八大以来，党内法规制定的数量大幅增加，实施效果也比较明显，但与全面从严治党、加强党的执政能力建设的现实需要相比，还有很大的提升空间。从某种意义上来说，讲好中国共产党的故事就是讲好中国共产党运用铁规管党治党的故事。要让良规落地、让铁规发力，就必须建立起一整套行之有效的党内法规保障体系，真正提高党内法规执行力。为此，学术界应当深入总结、挖掘党的十八大以来党内法规实施的良好经验，将其提炼为中国特色的党内法规保障机制。例如，中央八项规定之所以起到了改变中国的显著效果，就在于党中央率先垂范、常抓不懈；又如，反腐败斗争之所以取得压倒性胜利，就在于党中央意志坚定、始终坚持纪律挺在前面的导向。总体来说，中国共产党管党治党、落实党内法规的保障机制主要体现在三个层面：一是坚持教育为本、倡导示范引领。党中央始终坚持上行下效、以上率下，通过模范带头作用的发挥保障党内法规得以实施。二是坚持日常督察、倡导过程管理。一分部署，九分落实。党中央把加强日常督察、专项巡视作为重要的工作来抓，确保党内法规得到不折不扣的执行。尤其是近年来环保督察制度的深入推行，对于加强党对生态文明建设的领导发挥了极为重要的作用。只有实行督察工作制度化、规范化、程序化，党内法规的实施才能获得强有力的保障。三是坚持有腐必反、倡导有责必究。党的十八大以来，被问责的各类官员不计其数。究其原因，就在于党中央坚持零容忍、全覆盖、无死角，针对违背党纪国法的行为予以严惩，从而保持了铁规应有的威慑力。这些弥足珍贵的本土政党治理经验，都值得学术界加以认真总结提炼。

上述五大课题应当成为未来党内法规研究精准发力的基本方向，需要党规研究者及时更新知识和方法。尤其对于党内法规这一跨越法学、政治学、党史党建等不同专业的新兴问题而言，历史学、法释义学、实证研究、比较研究的方法和进路都不可或缺。对于法学研究者而言，需要及时补充党史党建的基本知识，在政党治理法治化的实践中发挥自身优势，引领党内法规研究迈上新台阶；对于政治学和党史党建学者而言，需要及时养成法治思维和法律技术思维，在依法治国和依规治党有机统一的实践中发挥自身优势，引领党内法规研究进入新境界。只有不同学科间相互交流对话、相互取长补短，党内法规学的春天才能到来。

下　篇

制度建设篇

第七章
党内法规制定党员参与论

公众参与的兴起，是现代行政法治对“缓和——参与型行政模式”的积极回应，旨在“通过吸收公众参与行政过程来获得行政权的正当性、合法性”。[①] 伴随着“党的领导”的入宪以及党和国家机构改革的强力推进，中国行政法已经步入党政融合的新时代。“依法治国和依规治党有机统一”“努力形成国家法律法规和党内法规制度相辅相成、相互促进、相互保障的格局”等纲领性目标的提出，标志着法治建设开启了“国法与党规并进同行”的新征程，中国特色社会主义法治新话语体系已经形成。党内法规制度建设质量的高低，直接关系到治国理政的实际效果。以中央八项规定为例，“其法规性效果是中央政治局加强自律，但事实上对全党全国全军产生广泛而深刻的影响，溢出效果远超预期效果。”[②] “八项规定改变中国”的事实告诉人们，法治中国建设必须高度重视党内法规的制定和实施，自觉将行政法治中的公众参与精神融入党内法规的制定过程之中，促成良规善治局面的实现。本章拟从规范依据、基本原则和机制设计三个方面论述党内法规制定中的党员参与问题，揭示党政融合时代公众参与所展现出的新形态，为“治党必依党规、党规必成体系、立规必重质量、执规必动真格”依规治党思想的落实提供有效可行的制度装置。[③]

① 章剑生：《现代行政法基本理论》（第二版）上卷，法律出版社 2014 年版，第 54 页。

② 宋功德：《党规之治：党内法规一般原理》，法律出版社 2021 年版，第 495 页。

③ 宋功德：《坚持依规治党》，载《中国法学》2018 年第 2 期。

一、党员参与党内法规制定的规范依据

历史地看，“作为规范党组织的工作、活动和党员行为的党内规章制度总称”的党内法规虽早已有之，但党内法规制度建设真正步入快车道还是自党的十八大以来的这几年。由于党内法规制定工作任务重、时间紧，因而表现出碎片化、应急化和粗放化的倾向，党员参与党内法规制定尤显不足，在一定程度上影响到党内法规的可执行性。为此，需要立足党内法规规范文本，梳理有关党员参与党内法规制定的依据，全面了解党规制定中党员参与的现状。

诚如学者所言：“作为立党管党治党的总依据总遵循，党章是‘万规之基’，整个党内法规制度体系大厦建筑于党章这个‘基石’之上；党章是‘万规之首’，具有最高权威，依规治党首先是依据党章管党治党。”[①] 党章既是党的总章程和根本法，也是广大党员的权利保障书。一方面，党章“总纲”部分明确规定：“必须充分发扬党内民主，尊重党员主体地位，保障党员民主权利，发挥各级党组织和广大党员的积极性创造性。”作为坚持民主集中制的核心要义之一，“党内民主”和“党员主体”是全面推进党的建设新的伟大工程的基本要求，这就为党员参与党内法规制定提供了基本遵循。另一方面，党章“党员”一章中有关“参加党的有关会议，阅读党的有关文件”“在党的会议上和党报党刊上，参加关于党的政策问题的讨论”“对党的工作提出建议和倡议”等党员权利条款的规定，为党员参与党内法规制定提供了间接依据。原因在于，党内法规制定是依规治党、制度治党的重要工作，也是党的政策规范化的具体体现，党员通过参加会议、发表建议等方式可以直接参与到党内法规制定的过程之中。

除了党章以外，条例、准则等中央党内法规也就党员参与权作出了相应的规定。按照时间先后顺序，这些中央党内法规主要包括《关于新形势下党内政治生活的若干准则》（以下简称《若干准则》）、《中国共产党党务公开

① 宋功德：《全方位推进党内法规制度体系建设》，载《人民日报》2018 年 9 月 27 日。

条例（试行）》（以下简称《党务公开条例》）《制定条例》和《中国共产党党员权利保障条例》（以下简称《党员权利保障条例》）。其中，《党员权利保障条例》明确将“保障党员权利”列入基本目的之一，同时将“按照规定将会议内容和精神向党员传达”“作出的决议决定应当按照规定及时向党员通报”“按照规定为党员提供阅读党内有关文件的必要条件”明确列为各级党组织所肩负的重要职责，为党员参与制定党内法规提供了坚实保障；《制定条例》明确将“坚持民主集中制，充分发扬党内民主”列为制定党内法规应当遵循的基本原则之一，并将“充分了解各级党组织和广大党员的意见和建议”“应当广泛征求意见”作为党内法规起草工作的必经程序，为党员参与制定党内法规提供了直接依据；《若干准则》将“发扬党内民主和保障党员权利”作为新形势下党内政治生活的十二项准则之一，“落实党员知情权、参与权、选举权、监督权”“畅通党员参与讨论党内事务的途径，拓宽党员表达意见渠道”“推行党务公开，发展和用好党务公开新形式，使党员更好地了解和参与党内事务”等新规定成为党员参与党内法规制定的重要权利基础；《党务公开条例》将“坚持发扬民主”作为党务公开应当遵循的四项基本原则之一，并将“建立健全党员旁听党委会议、党的代表大会代表列席党委会议、党内情况通报反映、党内事务咨询、重大决策征求意见、重大事项社会公示和社会听证等制度”作为不断拓展党员和群众参与党务公开广度和深度的新形式，为党员参与党内法规制定提供了新的平台。由此可见，党内法规制定中的党员参与在现行党规体系中具有充分的规范基础。

从近年来的立规实践上看，党员参与党内法规制定已经取得了初步的积极成效。例如，十九大党章修改工作就坚持了“充分发扬党内民主、集中全党智慧”的基本原则。“党章修改工作启动后，2017 年 6 月，中央发出通知，专门就党章修改工作向各地区各部门征求意见，同时还收集近年来一些党组织和党员向中央有关部门提出的关于修改党章的意见和建议。在认真研究各方面意见建议的基础上，提出了党章修改方案。”[①] 当然，与相对成熟的国家

① 《党员干部第一课》编写组：《党员干部第一课》，研究出版社 2018 年版，第 6 页。

法律制定中的公众参与制度相比，党内法规制定中的党员参与制度建设还处于初级阶段，无论从参与的范围、形式还是从参与的动力和实效上来看，仍然存在相当大的提升空间。尤其是在党内法规制定工作任务重、时间紧、需求旺的背景之下，更应凸显质量优先的立规理念，通过一系列程序机制的设计激发广大党员参与党内法规制定的热情，确保每项党内法规制度都能够立得住、行得通、管得了，进而推动良规善治局面的形成。

二、党员参与党内法规制定的基本原则

在中国特色社会主义事业进入新时代之际，加强党内法规制度建设既是全面从严治党、依规治党的必然要求，也是建设中国特色社会主义法治体系的重要内容，更是推进国家治理体系和治理能力现代化的根本保障。为此，《党内法规制度建设意见》特别强调："制定党内法规制度必须牢牢抓住质量这个关键，方向要正确、内容要科学、程序要规范，保证每项党内法规制度都立得住、行得通、管得了。"对于一个拥有 9800 多万党员的大党来说，充分发扬党内民主、广泛吸收党员参与，对于提高党内法规质量、增强党内法规的可接受性和执行性，都具有十分重要的现实意义。"在大多数情况下，公民参与的动力通常来自获取公民接受政策的需求，公民的接受是决策成功实施的先决条件。"[①] 只有当每一部党内法规都能充分汇聚党意和民意、体现党心和民心时，党内法规才能获得广大党员的真心认同和自觉遵守，党内法规的权威性和实效性才能得到彰显。改革开放四十多年来，我国立法工作之所以能够与时代、与改革、与实践同步，就在于立法理念适时地实现了从"有比没有好，快搞比慢搞好"向"以提高立法质量为中心"的转变。[②] 法律制定的成功经验，特别是"提高立法质量""立法应当体现人民的意志，发扬社会主义民主，坚持立法公开，保障人民通过多种途径参与立法活动"纷纷

① ［美］约翰·克莱顿·托马斯：《公共决策中的公民参与：公共管理者的新技能与新策略》，孙柏瑛等译，中国人民大学出版社 2005 年版，第 98 页。

② 胡健：《改革开放四十年立法工作的七个转变》，载《中国法律评论》2018 年第 5 期。

载入作为“管法的法”的《立法法》之中，值得在今后的党内法规制定中加以吸收。

理想类型的党员参与党内法规制定模式应遵循“全程参与——过程民主”“有序参与——形式民主”和“有效参与——实质民主”的三项基本原则。就三者之间的关系而言，全程参与体现了党内民主原则的过程正当性，能够保障党内法规制定中全覆盖的党员参与；有序参与体现了党内民主原则的形式正当性，能够避免党内法规制定中党员参与陷入杂乱无章的境地；有效参与体现了党内民主原则的实质正当性，能够保障党内法规制定中党员参与取得实际成效。有序是保障立规民主性的前提，有效则是保障立规民主性的关键。离开了有序参与，普通党员就如同一盘散沙，其零散意见不足以传递到立规机关；缺乏有效性的参与，普通党员的意见就会陷入“说了也白说”的尴尬境地。

党员全程参与党内法规制定是党内民主过程正当性的生动体现。作为规范党组织工作、活动和党员行为的党内规章制度总称的党内法规，是一个融规划与计划、起草、审批与发布、适用与解释、备案、清理与评估于一体的复杂的系统工程。为了充分发扬党内民主、保障党内法规质量，必须遵循党员全过程参与原则，努力将立规公开原则、党员参与原则贯穿于立规工作的各个环节、各个领域，不断扩大普通党员对立规活动的参与范围，充分保障广大党员的知情权、参与权、表达权和监督权，积极推进立规活动的透明化、科学化和民主化。起草虽然是党内法规制定的关键环节，但目前党员实际参与的成效还不够显著。在规划和计划阶段吸收党员参与，能够实现党内法规制定议程设置的开放性，从源头上保障党内法规制定民主性的现实需求；在审核阶段吸收党员参与，能够克服目前遵循内部工作程序所带来的封闭效应，增强党内法规内容的科学性和可操作性；在备案阶段吸收党员参与，能够为党内法规质量保障体系提供外部动力机制，克服目前单向度的主动备案审查的缺陷；在评估阶段吸收党员参与，能够为党内法规制度体系的不断完善提供科学的依据，减轻目前“谁制定，谁评估”模式实效性的压力。笔者在论述行政规范后评估模式时曾言：“较为理想的行政规范后评估主体模式是将制定机关、执行机关、第三方机构和公众都纳入评估主体之中，明确各自的权利和义务，实现四者的良性互动。四方联动的评估主体模式不仅能够汲取各方评估主体的优势，提高评估效率，还能克服单一主体思维片面的弊端，保证评估结论的科学性。”[①] 鉴于目前一大批党内法规都已实施数年，未来党内法规评估工作完全可以借鉴行政规范评估的理想模式，为党内法规的修订完善奠定基础。

党员有序参与党内法规制定是党内民主形式正当性的生动体现。中国共产党是拥有9800多万党员的大党，党内法规制定涉及如此庞大群体的切身利益，自然需要吸收各方面的党员代表参与其中。根据《制定条例》第二十五条第二款的规定，党内法规草案征求意见可以采取书面形式，也可以采取座谈会、论证会、网上征询等形式。这些不同的意见征求形式都具有相应的反馈功能，有助于党员多渠道参与党内法规制定过程之中。同时也应当看到，内容各异的党内法规往往涉及不同阶层、不同行业的党员及党组织的行为和活动，除了吸收各级党组织和党代会代表参与之外，还可以通过结构化、组织化方式遴选不同阶层、不同行业的党员代表参与党内法规的制定过程。从目前党内法规制定的实践来看，党员领导干部和党员专家参与较多、基层普通党员参与相对较少。为此，新时代党内法规制定中的党员参与应当面向基层、面向群众，真正调动普通党员的参与热情，通过有序表达增进党内法规的民主性。

党员有效参与党内法规制定是党内民主实质正当性的生动体现。全程参与和有序参与主要解决的还是参与过程及形式的正当性问题，参与能否产生实际效应则关乎参与的德性和民主的真谛。“有充分的理由认为给予决定理由是行政正义的一个基本要素，因为给予决定的理由是正常人的正义感所要求的，这也是所有对他人行使权力的人一条健康的戒律。”[②] 如同国家法律实施和行政裁量活动一样，党内法规的制定和实施，对党员的行为和

① 章志远:《行政法学总论》，北京大学出版社2014年版，第255页。

② ［英］韦德:《行政法》，徐炳译，中国大百科全书出版社1997年版，第193页。

党组织的活动将形成内在约束，立规机关自然需要积极说理，尽可能通过“以理服人”的方式寻求党员和党组织对党内法规的自觉遵守。例如，按期交纳党费是党员最基本的义务之一，但党费如何交纳、如何计算则涉及党员个体和党组织关系的调整，关乎党员忠诚、服务型党组织建立等重大问题，必须充分听取普通党员的意见并予以积极回应。只有当普通党员的意见得到认真倾听和有效反馈之后，党员参与党内法规制定的实效才能够得以彰显。为此，需要以有效参与的立规理念指导《制定条例》的完善，通过多元化交流、沟通、协商机制的建立，保障党内法规民主性、科学性的实现。

三、党员参与党内法规制定的机制设计

参酌修订后《立法法》的相关规定，考虑到党内法规制定的实践需求，尤其需要建立起基层立规联系点、立规听证会和立规意见征集回应三项新机制，以确保党员全程、有序和有效参与党内法规制定三项基本原则的全面落实。

（一）关于基层立规联系点机制的建立

充分发扬党内民主、尊重党员主体地位是新时代党的建设坚持民主集中制的核心要义，也是基层党员参与党内法规制定的理论依据。党章规定每个党员都必须编入党的一个支部、小组或其他特定组织参加党的组织生活，因而需要探索身处基层的广大普通党员直接参与党内法规制定的新机制，使来自基层的意见和建议能够直接传递到党内法规制定机关。在这方面，全国人大常委会推行的设立基层立法联系点制度值得在党内法规制定中予以借鉴。

《全面依法治国决定》提出“建立基层立法联系点制度，推进立法精细化”的重要举措，努力实现“深入推进科学立法、民主立法”的战略目标。2015 年 7 月底，全国人大常委会法工委确定湖北省襄阳市人大常委会、江西

省景德镇市人大常委会、甘肃省定西市临洮县人大常委会、上海市长宁区虹桥街道办事处为第一批基层立法联系点试点单位，作为立法工作听取基层群众意见的直通车。此举是建立健全征询立法意见机制的新探索，对于提高立法质量具有十分重要的意义。据统计，截至2018年3月，各联系点共就28部法律征集意见1205条，不少意见在立法中得到采纳和吸收。[①]其中，虹桥街道作为全国首批4个试点中唯一设在基层街道的立法联系点，三年来已完成《反家庭暴力法（草案）》《慈善法（草案）》《民法总则（草案）》《民法典分编（草案）》《车辆购置税法（草案）》等多部法律草案的意见征询工作，归纳整理出数百条立法意见建议，其中多条修改意见建议都已被采纳，成为我国探索精细化立法的缩影。

参酌上述成功经验，笔者建议作为统筹协调党内法规制定工作权威机关的中央办公厅可以确定一批基层立规联系点，借此经常性平台使基层党员关于党内法规草案的意见建议能够及时传递到中央，为科学立规、民主立规提供坚实保障。首先，就首批基层立规联系点的区域分布而言，可考虑设在党的诞生地的上海（如中共一大会址所在地的黄浦区淮海中路街道党工委）、民营经济发达的浙江（如中共诸暨市枫桥镇党委）、改革开放前沿阵地的广东（如中共深圳市委办公厅文件法规处）和革命老区的陕西（如中共延安市委办公室）四地，使得特色各异的基层立规联系点能够形成制度合力，将不同区域、不同行业的基层党员声音汇集到党内法规制定的洪流之中。其次，就基层立规联系点的功能而言，应同时扮演好自上而下的“解说员”和自下而上的“传声筒”的角色。其中，前者是指基层立规联系点要向基层党员解释好党内法规草案有关问题，梳理出重点条文和关键问题，尤其是那些与基层党员切身利益有关、与基层党建工作开展密切相关的重点问题，确保党内法规草案征询座谈会取得实效；后者是指基层立规联系点要将基层党员的心声及时准确地传递给立规机关，尽可能使样本多元、特色鲜明的意见建议能够被立规机关所采纳吸收。最后，就基层立规联系

① 胡健：《改革开放四十年立法工作的七个转变》，载《中国法律评论》2018年第5期。

点的工作模式而言，应坚持开门办点、整合资源、协同推进的理念，努力营造各阶层、各领域普通党员竞相参与意见征询的良好氛围，助推党内法规制定的科学化和民主化。

（二）关于立规听证会机制的建立

相比较座谈会、论证会、网上征询等形式而言，听证会是更为正式和有效的意见听取方式。遗憾的是，《制定条例》第二十五条并没有规定通过听证会的形式针对党内法规草案征求意见。“鉴于听证制度在尊重行政相对人主体地位、保障行政决定可接受性上的特殊作用，往往被视为一国行政程序法的核心制度。”[①] 听证会的制度优势在于程序的正式性和开放性，能够通过意见建议的公开展示和理性论辩，产生更具建设性和可接受性的草案完善方案，更好地服务于立法质量的提升。正是基于听证会在立法活动中的重要作用，《立法法》《行政法规制定程序条例》《规章制定程序条例》都对听证会机制予以明确认可。其中，《立法法》第三十六条规定了两类听证会，一是列入全国人大常委会会议议程的法律案，宪法和法律委员会、有关的专门委员会和常委会工作机构可以采取听证会的形式听取各方面意见；二是法律案有关问题存在重大意见分歧或者涉及利益关系重大调整，需要进行听证的，应当召开听证会，听取包括有关基层和群众代表在内的各方面的意见。《行政法规制定程序条例》第十三条和第二十二条分别规定了两个阶段的听证会，前者规定起草行政法规涉及社会公众普遍关注的热点难点问题和经济社会发展遇到的突出矛盾，减损公民、法人和其他组织权利或者增加其义务，对社会公众有重要影响等重大利益调整事项的，可以采取听证会的形式进行论证咨询听取意见；后者规定行政法规送审稿涉及重大利益调整或者存在重大意见分歧，对公民、法人或者其他组织的权利义务也有较大影响，人民群众普遍关注的，可以举行听证会，听取有关机关、组织和公民的意见。《规章制定程序条例》第十六条和第二十三条分别规定了两个阶段的听证会，前

① 章志远：《行政法学总论》，北京大学出版社 2014 年版，第 334 页。

者规定起草的规章涉及重大利益调整或者存在重大意见分歧，对公民、法人或者其他组织的权利义务有较大影响，人民群众普遍关注，需要进行听证的，起草单位应当举行听证会听取意见；后者规定规章送审稿涉及重大利益调整的，法制机构应当采取包括听证会在内的多种形式进行论证咨询，广泛听取有关方面的意见；如果起草单位在起草过程中未举行听证会，且规章送审稿涉及重大利益调整或者存在重大意见分歧，对公民、法人或者其他组织的权利义务有较大影响，人民群众普遍关注的，法制机构经过批准可以举行听证会。可见，听证制度已经广泛适用于法律规范的制定过程之中，对提高立法质量发挥了至关重要的作用。

参酌上述立法听证会的规范运作，笔者建议应及时建立立规听证会机制，使程序正式、参与度高的听证会成为党内法规制定过程中听取意见的备选形式之一，进一步畅通广大党员参与党内事务管理的渠道。为避免重蹈价格决策听证制度沦为“涨价听证会”的覆辙，立规听证会机制的建立应重点解决好三个问题：首先，立规听证会可适用于党内法规起草和草案审核阶段。作为一种新的探索，听证会机制可先行设置在起草和审核环节，真正发挥听证会“兼听则明”的作用。一方面，要求制定机关在制定与广大党员切身利益直接有关的重要党内法规时，应当以召开有普通党员或党员代表参加的听证会形式公开征求意见；另一方面，要求审核机构在对存在问题或分歧的党内法规草案进行审核时，可通过召开听证会的方式广泛听取外部意见，改变目前只在审核机构与起草部门之间单项内部沟通交流的状况。其次，立规听证会代表的遴选机制应当科学合理。作为正式听取意见方式的立规听证会，能否取得成效在很大程度上取决于通过何种方式选择何种类型的代表参加。其中，前者关涉立规听证会代表的遴选方式问题，属于程序正义范畴；后者关涉立规听证会代表的遴选条件问题，属于实体正义范畴。就立规听证会代表的遴选方式而言，应以自愿报名随机选取方式为主，确保听证会代表能够独立自主地表达意见建议；就立规听证会代表的遴选条件而言，应在考虑代表广泛性、专业性的基础上更多吸收基层普通党员参加，甚至可以规定普通党员代表的比例不低于全体听证会代表的二分之一。最后，立规听证会笔录的效力应予以明确。参酌《规章制定程序条例》有关“听证会应当制作笔录，如实记录发言人的主要观点和理由”“起草单位应当认真研究听证会反映的各种意见”的规定，立规听证会同样需要制作内容完整的听证笔录，并将其提交党内法规起草部门和审议批准机关参考。

对于很多涉及基层党建工作和党员切身利益的立规活动而言，应当积极展开开门立规的新探索，通过立规听证会的形式将普通党员参与纳入其中。一方面，在制定国有企业基层党组织工作条例、支部工作条例（试行）、农村工作条例、人才工作条例、党员教育管理工作条例及组织处理办法等党内法规时，应当以听证会形式充分听取广大基层党员的意见和建议；另一方面，在修订中国共产党全国代表大会和地方各级代表大会代表任期制暂行条例、地方组织选举工作条例、基层组织选举工作条例、农村基层组织工作条例、党和国家机关基层组织工作条例、普通高等学校基层组织工作条例、党员权利保障条例等党内法规时，也应当通过听证会的形式充分了解上述法规实施以来存在的问题和完善建议，确保制定和修改的党内法规都能够质量过硬，成为管党治党的基本遵循。

（三）关于立规意见征集回应机制的建立

立规意见征集回应机制的建立，旨在摆脱可能存在的党员“形式参与、实质无意”的窘境。无论是党内法规五年规划和年度计划项目的征集，还是党内法规项目的具体起草和审核，抑或党内法规的备案、清理和评估，都必须极力避免党员参与沦为形式主义的代名词，进而抑制广大党员参与的积极性。为此，应当建立党员意见建议采纳与否的理由说明和信息反馈机制，切实尊重党员的主体地位和参与权利。一方面，在党内法规出台后公开的文本解读和起草修订说明中，需要如实载明党员参与情况及意见建议最终采纳与否的理由考量，展现党内法规制定机关高超的立规技艺和优良的立规美德；另一方面，对于不宜公之于众的立规资讯，党内法规制定机关可以向意见征集的党员本人或者通过其所在党组织个别转达意见建议采纳与否的情况说明，真正彰显党内法规制定机关对普通党员积极参与的关心和爱护，通过个性化解释和深度沟通，消弭部分党员可能存在的误解，最大限度地增进党内法规的可接受性和权威性。

第八章
党政联合发文法治化论

一、新型政府信息公开案引发讨论契机

（一）案情概况

江苏省南京市中级人民法院于2016年11月10日就“郭某兵诉江苏省人民政府政府信息公开一案”（以下简称“郭案”）作出（2016）苏01行初336号行政判决：驳回郭某兵的诉讼请求；郭某兵不服提起上诉后，江苏省高级人民法院于2017年6月28日作出（2017）苏行终127号行政判决：驳回上诉，维持原判。郭某兵仍不服，在法定期限内向最高人民法院申请再审。最高人民法院经审查认为，本案的争议焦点问题是，再审申请人郭某兵所申请公开的“江苏省委、省政府办公厅正式批复20个镇改革试点方案”信息是否属于被申请人江苏省人民政府的政府信息公开范围。《政府信息公开条例》第二条规定，政府信息是指行政机关在履行行政管理职能过程中制作或者获取的，以一定形式记录、保存的信息。《政府信息公开条例》第五十四条规定，法律、法规授权的具有管理公共事务职能的组织公开政府信息的活动，适用该条例。可见，行政机关或经法律法规授权管理公共事务的组织有关信息的公开适用《政府信息公开条例》的规定，而党组织制作的党务信息以及党组织制发的党政联合文件一般不适用《政府信息公开条例》的规定。本案中，再审申请人申请公开的信息是以中共江苏省委为制定主体并以党委文号制发的党政联合文件，并非行政机关在履行职责过程中制作或者获取的信息，不属于《政府信息公开条例》的调整范围，更不属于《政府信息公开

条例》第二十条规定的行政机关主动公开的政府信息。江苏省人民政府作出《答复告知书》，以再审申请人所申请公开的信息不属于江苏省人民政府公开范围为由不予公开并无不当。最高人民法院于2018年3月28日依照《关于适用〈中华人民共和国行政诉讼法〉的解释》第一百一十六条第二款之规定，裁定驳回再审申请人郭某兵的再审申请。[①]

（二）衍生课题

“郭案”的发生，尽管止步于政府信息公开适用范围的司法阐释，但却揭示出当代中国治国理政实践中的一类新现象，即如何理解愈来愈多的党政机关联合发文的法律属性？如何在依法治国与依规治党有机统一的视域下客观理性地评判党政联合发文？从有限的相关研究成果来看，学者大多对其保持审慎的态度。例如，有学者指出：“一些地方党政联合发文非常普遍，规定的事项往往不限于党内事务。一旦一个文件加上党委大印，同时以党的名义发布，文件的性质就改变了，就从行政文件变成了党的文件甚至党内法规。在我国，党内法规对社会、对群众和组织确实会产生一定影响，严格来讲，这种影响并非严格意义上的法律影响，具体处理案件、办理事情还是要严格依照有关法律和行政法规。在这些领域，国家有关法律和行政法规是十分完备的，基本不存在只有党内法规而没有法律和行政法规的情况。但是无论如何，必须明确，党内法规还是要坚持管党的本质，不能随意扩大到社会上，否则就会引起以党代政，党政不分的质疑。”[②]还有的学者认为：“如果规范性文件由党委和政府联合发布，那么这类文件只能属于狭义的‘政策’范畴。这类文件的出台不符合《立法法》所规定的法律法规制定程序，不具法律效力，更不能违反、对抗国家法的相关规定，哪怕与之冲突的法律法规是由比发布机关级别低的国家机关所制定的。”[③]有的实

① 参见最高人民法院行政裁定书（2018）最高法行申798号。
② 王振民：《党内法规制度体系建设的基本理论问题》，载《中国高校社会科学》2013年第5期。
③ 屠凯：《党内法规的二重属性：法律与政策》，载《中共浙江省委党校学报》2015年第5期。

务界人士甚至还提出要“严控党政联合行文”。[①]不过，也有学者对党政联合发文持积极认可态度，主张“以党政机关联合发文制度为平台提高政党立规与国家立法的协同性”，具体来说，“一是充分利用领导小组制度这一政治制度资源，在中央全面依法治国领导小组的统一领导与统筹协调之下，推动对口设置、有业务联系的党政机关围绕着组织建设、反腐倡廉建设等重要领域进行联合发文，提高重点领域政党立规与国家立法的协调性；二是健全党政机关联席会议制度，通过规范党政机关联合发文的范围和程序要件，减少政党立规与国家立法之间的紧张。”[②]

就规范依据而言，党政联合发文目前最直接、最权威的根据就是同为党政联合发文的《党政机关公文处理工作条例》（中共中央办公厅、国务院办公厅印发，中办发〔2012〕14号，以下简称《公文处理条例》）。《公文处理条例》第十七条第一款规定：“同级党政机关、党政机关与其他同级机关必要时可以联合行文。属于党委、政府各自职权范围内的工作，不得联合行文。”然而，当下的党政联合发文早已超越公文秘书学范畴，成为党政融合时代治国理政的重要工具。为此，剖析党政联合发文现象的时代动因、指陈其对法治体系可能带来的挑战进而寻求法治化的进路，自然就成为本章的基本研究目标。

二、党政联合发文激增的时代背景

党的十八大以来，党政联合发文相较之前明显增加。从形式上来看，这些发文的红头和文号分别为党委文件和党委发文字号，标题和发文机关署名中则包括党委和政府。例如，作为我国安全生产领域党内法规的《地方党政领导干部安全生产责任制规定》（厅字〔2018〕13号）就是由中共中央办公厅和国务院办公厅联合署名印发的，与此相类似的还有中共中央、国务院印发的《党政机关厉行节约反对浪费条例》（中发〔2013〕13号）、中共中央组

① 卢鸿福：《严控党政联合行文》，载《人民代表报》2013年4月20日。

② 吕永祥、王立峰：《依法治国与依规治党统筹推进机制研究——基于中国特色社会主义法治的动态分析》，载《河南社会科学》2018年第2期。

织部与人力资源和社会保障部共同制定的《新录用公务员任职定级规定》（中组发〔2019〕10号）等。此外，更有海量的各类党政机关联合发布的规范性文件，如中共中央、国务院印发的《法治政府建设实施纲要（2021—2025年）》，中共中央办公厅、国务院办公厅印发的《关于加强城乡社区协商的意见》，中共上海市委办公厅、上海市人民政府办公厅印发的《关于实行国家机关“谁执法谁普法”普法责任制的实施意见》等。党政机关联合发文之所以呈现“井喷”之势，其时代动因至少可以从下述三个方面得到有效解答。

（一）“坚持党对一切工作的领导”的客观要求

党的十九大报告明确提出：“党政军民学，东西南北中，党是领导一切的。”“坚持党对一切工作的领导”是习近平新时代中国特色社会主义思想的核心内容，“中国共产党领导是中国特色社会主义最本质的特征”也已载入宪法。“党的全面领导是具体的，不是空洞的、抽象的，必须体现到治国理政的方方面面，体现到国家政权的机构、体制、制度等的设计、安排、运行之中，确保党的领导全覆盖，确保党的领导更加坚强有力。”[①] 党的领导涵盖了改革发展稳定、内政外交国防、治党治国治军的方方面面，体现在党统筹推进“五位一体”总体布局、协调推进“四个全面”战略布局的过程之中。为此，党的实际影响力早已超越传统的“政治、思想、组织领导”范畴，向经济、社会、文化、生态等更为广阔的领域发展，党与政府联合发文确立相关领域的运行规则将成为党治国理政的常态工具。“我们党要带领13亿多人民全面建成小康社会，必须适应、把握、引领经济发展新常态，创新党领导经济社会发展的观念、体制、方式方法，提高党把握方向、谋划全局、提出战略、制定政策、推进改革的能力，为发展航船定好向、掌好舵。”[②] 中共中央、国务院2018年9月20日印发的《关于完善促进消费体制机制 进一步激发居民消费潜力的若干意见》以及中共福建省委、福建省人民政府2018年12

① 中共中央宣传部：《习近平新时代中国特色社会主义思想三十讲》，学习出版社2018年版，第79页。

② 习近平：《习近平谈治国理政》（第二卷），外文出版社2017版，第19页。

月24日印发的《关于加快民营企业发展的若干意见》等党政联合发文就贯彻了加强党对经济工作领导的意图。可以预见的是，在坚持党的全面领导的主流意识形态的指引下，党务与政务之间传统的边界趋于模糊，二者之间的高度交叉将日益显现，党政联合发文现象也会越来越普遍。

（二）“党政机构统筹改革”的现实需要

党的十九届三中全会通过的《中共中央关于深化党和国家机构改革的决定》拉开了新时代党政机构改革的序幕。与以往历次机构改革所不同的是，这次改革的着力点在于“推进党和国家机构职能优化协同高效”，目标在于“构建系统完备、科学规范、运行高效的党和国家机构职能体系”。按照中央要求，所有地方机构改革任务都要在2019年3月底前基本完成。诚如学者所言，此轮改革重塑了新时代的党政关系，“不是党政合一的回归，而是对改革开放以来党和国家领导制度改革经验的继承和发展中所建立起的一种既不同于以党代政，也不同于党政机构完全分离的党政统筹关系”。[①] 从某种意义上来说，党政融合是机构、职能、责任的全方位融合，将进一步催生党政机关的联合发文。例如，公务员工作已经统一由中央组织部管理，有关公务员录用调配、考核奖惩、培训和工资福利等方面的事务都属于中央组织部的职责。为此，中共中央组织部、人力资源和社会保障部共同制定了《公务员申诉规定（试行）》（人社部发〔2008〕20号）、《事业单位工作人员奖励规定》（人社部规〔2018〕4号）、《新录用公务员任职定级规定》（中组发〔2019〕10号）等党内法规。又如，中共中央办公厅和国务院办公厅印发的《领导干部干预司法活动、插手具体案件处理的记录、通报和责任追究规定》《健全落实社会治安综合治理领导责任制规定》《党政领导干部生态环境损害责任追究办法（试行）》《脱贫攻坚责任制实施办法》《党政主要负责人履行推进法治建设第一责任人职责规定》《信访工作责任制实施办法》等党内法规就体现出“党政同责”的目标追求。随着合署办公、合并设立、归口管理、对外加挂牌子等各种党

① 金国坤：《党政机构统筹改革与行政法理论的发展》，载《行政法学研究》2018年第5期。

政深度融合型机构的运转，党政联合发文将成为这些机构的常态化工作模式。

（三）“党规与国法齐飞”的自然延伸

党规与国法的关系是中国特色社会主义法治建设必须回答的根本问题。党的十八大以来，党在党规与国法、依法治国与依规治党关系的认识上不断取得新进展，极大地丰富了新时代的法治新理念、新思维、新战略。相关经典的论述包括：依法执政既要求党依据宪法法律治国理政，也要求党依据党内法规管党治党；坚持依法治国、依法执政、依法行政共同推进，坚持法治国家、法治政府、法治社会一体建设，坚持依法治国和依规治党有机统一；党内法规既是全面从严治党的重要依据，也是全面依法治国的有力保障；全面推进依法治国，就必须努力形成国家法律法规和党内法规制度相辅相成、相互促进、相互保障的格局；发挥政策和法律的各自优势，促进党的政策和国家法律互联互动；注重党内法规同国家法律的衔接和协调；坚持纪严于法、纪在法前，实现纪法分开。这些重要论断揭示出党内法规与国家法律之间“角色不同、功能互补、分工不分家”的特殊关系。[①] 从党的组织法规、领导法规、自身建设法规和监督保障法规来看，很多内容都与国家法律相通，党规与国法齐飞能够尽量减少政党和国家分开立法的成本以及可能存在的冲突。可以预见的是，随着党内法规制度体系的不断健全，党政联合发文将日益增多。

三、党政联合发文对法治体系的影响

党政联合发文有助于形成党政合力、整合党政资源，进而快速地实现既定的目标。在坚持党的全面领导、党政融合的时代背景之下，确实有其存在甚至适度推广的法理正当性和现实急需性。同时也应当看到，党政联合发文的过多甚至过滥，也会产生“党政不分”“以党代政”“行政矮化”的弊端，最终也会影响到党的权威。“郭案”的发生就警示世人，在《政府信息公开

① 宋功德：《党规之治：党内法规一般原理》，法律出版社 2021 年版，第 605 页。

条例》实施效果不能做到尽善尽美的当下，党政联合发文的涌现可能会影响政务公开的环境。从法治体系的维系角度上来看，党政联合发文带来的影响至少有如下三个方面：

（一）法治规范的认同问题

党规也是一类法现象，但它与国家法律之间在制定主体、规范事项、调整对象、规范数量、规范要求、规范效力等方面毕竟还存在很大差异。因此，党政联合发文的扩张会造成法治规范属性认同上的问题，不利于法治规范的适用与遵守。一方面，《立法法》并没有将党的特定机关列为法律法规规章的制定主体，《制定条例》也没有将党外的政权机关列为党内法规的制定主体，混合型党规或混合型国法目前都普遍缺乏权威的规范依据；另一方面，行政规范性文件的多元化治理一直是法治政府建设中的重点课题，党政联合发文数量的增多客观上加大了治理规范性文件的难度。就目前林林总总的党政联合发文而言，还普遍存在着是党内法规还是行政法规部门规章、是党内法规还是党内规范性文件、是党内规范性文件还是行政规范性文件的识别困难。由于规范事项不清、发文名称失范，加之审查机制缺失，一些党政机关联合署名的规范性文件难以在法治规范体系内获得准确的定性，其效力自然就处于模糊状态。无论是被虚置还是强行推行，这类联合发文的规范意义都难免令人生疑。[①]

（二）法律规范的适用规避

在法律规范体系内部，有关行政规范性文件的审查和监督至少有七种机制：行政规范性文件制定过程中的自我审查机制；行政规范性文件实施后的

---

① 例如，《法治政府建设实施纲要（2015—2020 年）》明确提出："县级以上地方各级政府每年第一季度要向同级党委、人大常委会和上一级政府报告上一年度法治政府建设情况，报告要通过报刊、政府网站等向社会公开。"根据研究者的统计，截至 2017 年年底，有 25 个省、自治区和直辖市向国务院提交了 2016 年度法治政府建设报告。其中，严格按照《纲要》要求在第一季度报告的只有 5 个。参见明天：《法治政府建设报告制度实证研究——以 2016 年度 25 份省级政府建设报告文本为例》，载《福建行政学院学报》2017 年第 6 期。

备案审查机制；行政复议中规范性文件一并审查机制；行政诉讼中规范性文件一并审查机制；人大规范性文件备案审查机制；公民建议审查规范性文件机制；公民申请规范性文件信息公开机制。党政联合发文的兴起，可能影响了上述法律规范的正常适用。同时，在人大规范性文件备案审查工作实践中，一般也都对党政联合发文持回避态度。“党政联合制发的规范性文件一般都是方针性、纲领性的文件，内容比较宏观、抽象、概括，没有必要进行备案审查。这样一方面能减轻人大常委会备案审查的工作量，又能避免与党委之间因备案审查而产生职能冲突。”① 现行《行政诉讼法》第五十三条第一款规定，公民、法人或者其他组织认为行政行为所依据的国务院部门和地方人民政府及其部门制定的规范性文件不合法，在对行政行为提起诉讼时，可以一并请求对规范性文件进行审查。这一规定赋予了公民、法人或者其他组织对规范性文件附带审查的请求权，也赋予了人民法院就规范性文件是否合法的判断权。但在行政审判实践中，一般都认为，党委、人大和军事机关制定的规范性文件因其制定机关不是行政机关，也不是行政诉讼法规定的“法律、法规、规章授权组织”，因而不属于行政诉讼法第五十三条规定的规章以下的规范性文件的范围。② 由此可见，联合发文，可能规避法律规范的正常适用，进而对既有的法治秩序造成影响。

（三）法治思维的养成阻却

“所谓法治思维，其实质是各级领导干部想问题、作决策、办事情，必须时刻牢记人民授权和职权法定，必须严格遵循法律规则和法律程序，必须切实保护人民和尊重保护人权，必须始终坚持法律面前人人平等，必须自觉接受法律的监督和承担法律责任。”③ 在我国，领导干部法治思维的养成并非易事。1979 年 9 月 9 日，中共中央发布《关于坚决保证刑法、刑事诉讼法

① 孙轩柏：《不应审查党政联合发文》，载《人民代表报》2013 年 7 月 23 日。

② 梁凤云：《行政诉讼法司法解释讲义》，人民法院出版社 2018 年版，第 398 页。

③ 袁曙宏：《全面推进依法治国》，载《十八大报告辅导读本》，人民出版社 2012 年版，第 221 页。

切实实施的指示》(中发〔1979〕64号文，以下简称“64号文件”)，被誉为我国政法工作领域的“十一届三中全会公报”。[①]“64号文件”首次使用“社会主义法治”概念，首次提出“取消各级党委审批案件制度”，首次明确法律、司法权威和党的领导的关系，实际上扮演了对全党全民进行法制教育的宣言书的角色。“64号文件”开篇就指出：“刑法、刑事诉讼法同全国人民每天的切实利益有密切关系，它们能否严格执行，是衡量我国是否实施社会主义法治的重要标志……这是一个直接关系到党和国家信誉的大问题……我们党内，由于建国以来对建立和健全社会主义法制长期没有重视，否定法律，轻视法制，以党代政，以言代法，有法不依，在很多同志身上已经成为习惯；认为法律可有可无，法律束手束脚，政策就是法律，有了政策可以不要法律等思想，在党员干部中相当流行……如果我们不下决心解决这些问题，国家制定的法律就难以贯彻执行，我们党就会失信于民。”这些振聋发聩的表述，彰显了党厉行法治的坚定决心和顽强意志。如今，我国社会主义法治建设已经走过了波澜壮阔的四十年，重温党史文件的经典论述对于进一步夯实领导干部的法治思维具有十分特殊的意义。党政联合发文是一把双刃剑，只有针对特殊事务方可适度推行，否则可能滑向党政不分、游离于法治之外的境地。法律保留、法律优位、程序正当、权责统一、权利救济等理念已经内化于国家法律体系之中，并逐步影响到党内法规制度体系的形成。因此，在党规国法衔接协调机制尚未建立健全的情况下，过多的党政联合发文会影响法治思维的养成。

四、党政联合发文法治化的路径

在依法治国与依规治党有机统一、党内法规与国家法律相互促进特别是党政融合的新时代，必须将党政联合发文行为导入法治化轨道，在确保其正

---

① 李雅云:《中国法治建设里程碑式的党的文件——纪念中共中央发布〈关于坚决保证刑法、刑事诉讼法切实实施的指示〉25周年》，载《法学》2004年第9期。

能量充分发挥的同时努力消解其可能造成的负面效应。

（一）分类治理机制

从目前的实践来看，党政联合发文主要存在法源性发文和非法源性发文两种情况。其中，前者是指发文归属《制定条例》和《立法法》所明确认可的规范形式；后者则是《公文处理条例》所认可的一般规范性文件层面的党政联合发文。就法源性发文而言，最重要的治理机制就是尽快将其“入法”“入规”。2019 年修订后的《制定条例》第十三条肯定了“有关部委联合制定党内法规”“党政机关联合制定党内法规”，但并未增加应当适用的特殊程序条款。在修订《立法法》时，也可以明确认可政府与党委联合制发的“混合型”法规规章的效力，增加规定其所适用的特殊程序条款。就目前的实践应对来看，主要是主办主体的发布方式、协办主体的协助义务等程序性规定。就发展趋势而言，除了中共中央办公厅、国务院办公厅联合制定党内法规之外，今后法源性发文主要存在于党政融合的机构之间。《中共中央关于深化党和国家机构改革的决定》明确提出：“优化党的组织、宣传、统战、政法、机关党建、教育培训等部门职责配置，加强归口协调职能，统筹本系统本领域工作。”按照机构改革方案，中央组织部统一管理中央机构编制委员会办公室、统一管理公务员工作，中央宣传部统一管理新闻出版工作、统一管理电影工作，中央统战部统一领导国家民族事务委员会、统一管理宗教工作、统一管理侨务工作。这些统筹设置党政机构、理顺党政机构职责关系、加强党中央集中统一领导的改革举措，顺应了党的事业向深度推进、向广度拓展的时代需要和发展趋势，能够助力总揽全局、协调各方的党的领导体系的形成。总体来说，法源性发文经由“入法”“入规”获得“名分”并辅之特别程序规定即可获得有效治理。

至于海量的非法源性发文行为，则需要通过实体和程序两个方面加以规制。其中，实体规制的重点在于纯粹党务、纯粹政务和党务政务交叉事项的区分。随着党的全面领导的不断推进，党务政务交叉区间必然会有所扩张，但也需要遵循普遍性与特殊性相结合的原则，将党把方向、谋大局、定政策、促改革的作用与适度介入特定社会历史时期群众最为关切、社会影响深远领域事务统筹考虑起来。例如，生态治理、产业转型、乡村振兴都是目前经济社会发展中十分突出的问题，因而党政在这些领域的联合发文相应就多了起来。例如，2018年6月11日，中共海南省委办公厅、海南省人民政府办公厅印发了《海南省贫困村驻村工作队选派管理办法》（琼办发〔2018〕40号）；2018年8月2日，中共安徽省委、安徽省人民政府印发了《关于进一步加强耕地保护和改进占补平衡的实施意见》（皖发〔2018〕25号）。至于纯粹属于政务事项的文件，则没有必要实行党政联合发文。例如，2018年12月5日，国务院办公厅印发了《关于全面推行行政执法公示制度执法全过程记录制度重大执法决定法制审核制度的指导意见》（国办发〔2018〕118号），其主要目的是"指导各地区、各部门全面推行'三项制度'"；2018年12月28日，浙江省人民政府印发了《浙江省深化"最多跑一次"改革推进政府数字化转型工作总体方案》（浙政发〔2018〕48号），其主要目的是"加快推进政府数字化转型，高标准建设数字政府"。程序规制的重点就在于参酌国务院办公厅《关于全面推行行政规范性文件合法性审核机制的指导意见》（国办发〔2018〕115号）的规定，进一步优化中共中央办公厅《中国共产党党内法规和规范性文件备案审查规定》的操作规程，借助党和国家机构改革的契机，有效整合党委系统法规机构和政府系统法制机构的资源，探索规范性文件合法性、合规性联合审查机制，从源头上防范党政机关联合制发的规范性文件带来的风险。

（二）功能识别机制

在目前的行政审判实践中，党政联合发文引发的纠纷主要表现在政府信息公开领域。从人民法院的裁判思路上看，大多如"郭案"一样，仅从形式标准入手将党政联合发文排除在《政府信息公开条例》之外。例如，在"范某良诉南通市政府政府信息答复案"中，一、二审法院都认为，范某良申请公开的文件《南通市生态文明建设三年行动计划（2013—2015）》虽然落款为中共南通市委、南通市人民政府，但文件的抬头为"中共南通市委文件"，文号为“通委发（2013）15号”，故其发文的主体应当是中共南通市委，文件性质应当认定为以党委为主体的文件，该文件依法不属于《政府信息公开条例》所称的政府信息。[①] 人民法院的这种做法虽然于法有据，但在客观上也可能消解法律规范对公民知情权的保护。为此，人民法院在政府信息公开案件的审理过程中，除了灵活解释《政府信息公开条例》所规定的“政府信息”外，还需要兼顾形式标准和实质标准对党政联合发文进行功能主义的识别，进而作出更为妥善的司法处理。

具体来说，在今后的政府信息公开案件审理过程中，人民法院除了坚持形式识别标准从发文字号、发文主体等直观要素进行判断之外，还可以从文件的牵头主办机关、联署主体的排序、联合发文的审议形式等方面加以考量。同时，还要引入实质性判断标准，全面考虑党政联合发文是否已经成为行政机关作出行政行为的直接依据，是否对公民、法人或者其他组织的合法权益产生了实际影响，行政机关是否已经履行请示党务机关予以公开的义务等要素，进而作出既合乎法律规定也合乎实际情形的裁判，在保护行政相对人知情权和尊重党委机关自主判断权之间达至平衡。在这种实质性判断标准的适用上，文件已被实际运用、文件已产生实际影响是人民法院必须要深入了解的事实要件，也是行政机关履行请示党务机关公开与否并及时反馈义务的基础条件。在《中国共产党党务公开条例（试行）》未有适当救济渠道可资利用的当下，司法实质性判断标准的引入不失为党规国法有效衔接的有益尝试。

（三）司法建议机制

如果说行政相对人针对党政联合发文提起信息公开之诉尚属满足自身知情权，那么行政相对人针对作为行政行为依据的党政联合发文提起一并审查之诉则事关其自身合法权益的切实维护。为此，人民法院应当未雨绸缪，充分利用行政诉讼法及其司法解释有关规范性文件一并审查的制度红利，助推党政联合发文迈向法治化的轨道。《最高人民法院关于适用〈中华人民共和

---

① 参见江苏省高级人民法院行政判决书（2015）苏行终字第00613号。

国行政诉讼法〉的解释》（以下简称《行诉解释》）第一百四十七条第一款规定："人民法院在对规范性文件审查过程中，发现规范性文件可能不合法的，应当听取规范性文件制定机关的意见。"在涉及党政联合发文的情形时，人民法院就可以采取书面或邀请出庭陈述的方式充分听取制定文件的党政机关的意见。更进一步的探索在于，人民法院应当勇于采取司法建议等行之有效的"府院互动"机制，向党政机关发出修改或者废止联合制发的规范性文件的司法建议。《行诉解释》第一百四十九条第二款规定："规范性文件不合法的，人民法院可以在裁判生效之日起三个月内，向规范性文件制定机关提出修改或者废止该规范性文件的司法建议。"在党政融合的新时代，人民法院司法建议的发送对象理所当然地包含了党务机关。"行政诉讼中的司法建议是指人民法院对在行政审判活动中发现的、与案件有关但不宜由法院直接处理的问题，向有关国家行政机关提出建议要求其予以处理的活动。与旨在解决诉讼本体问题的行政审判权所不同的是，行政诉讼中的司法建议权所要解决的则是诉讼外问题。"① 司法建议往往被视为一类软法规范，能够灵活地处理诉讼外的问题，弥补司法裁判的局限性。可以预见的是，人民法院司法建议权的积极使用，能够助推党政联合发文朝着法治化方向阔步前进。

---

① 章志远：《我国行政诉讼法司法建议制度之研究》，载《法商研究》2011 年第 2 期。

第九章
执纪执法指导性案例制度论

与较早建立的促进国家法律统一适用的司法指导性案例制度相比，促进党内法规统一适用的执纪执法指导性案例制度则是在建党百年之际才正式建立起来的。为深入贯彻落实中央纪委办公厅《关于加强和改进案件审理工作的意见》，精准有效开展对下业务指导，中央纪委国家监委案件审理室建立了执纪执法指导性案例制度，分别于2021年8月4日和12月29日发布了两批共计7个执纪执法指导性案例，明确要求今后各级纪检监察机关在办理同类案件、处理同类问题时，“应当参照”指导性案例。①2022年6月29日，中央纪委国家监委案件审理室发布第三批4个执纪执法指导性案例。三批共计11个执纪执法指导性案例的发布，标志着党和国家纪检监察体制改革的日渐成熟和反腐败斗争常态化规范化发展的良好态势，应当引起我国法学界法律界的高度重视。②

作为一项崭新的党的制度建设成果，执纪执法指导性案例制度的建立，为中国特色社会主义法治体系的理论解读和实践发展提供了鲜活素材。下文立足维护中国特色社会主义法治体系的统一性、强化中央纪委国家监委对下监督领导的职能、创新党内法规的社会普及方式以及促进党内法规与国家法律的衔接协调四个维度，结合11个正式发布的中央纪委国家监委执纪执法

---

① 《中央纪委国家监委执纪执法指导性案例》（第一批），中国方正出版社2021年版，“编者按”第1页。

② 法学界已有学者从“参照适用”的技术角度对执纪执法指导性案例制度进行了初步研究，参见屠凯、张天择：《论执纪执法指导性案例的参照适用问题——与最高人民法院指导性案例比较的视角》，载《山东大学学报（哲学社会科学版）》2022年第2期。

指导性案例，系统阐释执纪执法指导性案例制度的功能定位，并提出相应的制度完善方向，以期推动习近平法治思想研究和中国特色社会主义法治理论研究向纵深迈进，助力党内法规释义学的形成和发展。

一、维护中国特色社会主义法治体系的统一性

维护中国特色社会主义法治体系的统一性，既是中国共产党作为长期执政的政党属性使然，也是我国实行单一制国家结构形式的必然要求。习近平总书记指出："维护国家法治统一，是一个严肃的政治问题。我国是单一制国家，维护国家法治统一至关重要。"[①]在实践中不断探索维护法治体系统一性的方式，是法治国家建设的一项重要任务。在我们党治国理政的全新实践中，中央纪委国家监委执纪执法指导性案例制度的推出，代表着守护党和国家法治统一适用机制的最新探索，其首要功能就在于维护中国特色社会主义法治体系的统一性。

（一）维护法治体系统一性的内涵

首先，维护法治体系的统一性蕴含着维护党内法治统一性的基本要求。基于党内法规和国家法律"具有本质和价值的一致性"，"同属于国家治理体系"，"统一于中国特色社会主义'五位一体'总体布局和'四个全面'战略布局"[②]等共同特性，习近平总书记有关"维护国家法治统一，是一个严肃的政治问题"的论断自然也同样适用于党内法规体系。2018年2月党的十九届三中全会通过《关于深化党和国家机构改革的决定》，组建国家、省、市、县监察委员会，同党的纪律检查机关合署办公，实现党内监督和国家机关监督、党的纪律检查和国家监察的有机统一。此后，纪检监察机关"促进执纪执法贯通"，"实现依纪监督和依法监察、适用纪律和适用法律有机融合"成

---

① 习近平：《坚定不移走中国特色社会主义法治道路　为全面建设社会主义现代化国家提供有力法治保障》，载《求是》2021年第5期。

② 宋功德、张文显主编：《党内法规学》，高等教育出版社2020年版，第59—62页。

为新时代党和国家法治建设的重大命题。作为以案释纪、以案说法、以案论理的制度载体，执纪执法指导性案例来源的真实性、遴选的严肃性、发布的规范性和参照适用的强制性，可以为党内法治统一性的维护提供坚实保障。

其次，维护法治体系的统一性意味着在执纪执法领域实现党内法规适用标准和尺度的统一。以第 5 号指导性案例“某区纪委监委环保问责简单泛化案”为例，尽管《中国共产党纪律处分条例》《中国共产党问责条例》等党内法规对问责的主体、对象、程序、情形等都作了明确规定，且党中央关于印发《中国共产党问责条例》的通知也强调“针对实践中出现的问责不力、泛化简单化等问题，着力提高党的问责工作的政治性、精准性、实效性”，但由于理解认知能力的局限，执纪执法实践中还存在“泛化问责”和“怠惰问责”现象，影响到党规实施的严肃性和权威性。在该案中，B 区纪委监委对 A 市生态环境局 B 分局干部张某、王某、郑某、李某、邓某等人的问责就存在“工作程序不规范”“责任划分不精准”“问责简单泛化”等突出问题，省委巡视组在有关专项巡视发现后及时移交 A 市纪委监委处理，最终依规依纪依法纠正了这些问题，通过个案明确了党的问责工作“依规依纪、实事求是”和“权责一致、错责相当”的基本要求，推动了“精准问责”模式的形成。[①] 该案坚持过程与结果兼顾的办案导向，通过对违纪行为责任人员的区分和问责处理程序的细化，统一了执纪执法尺度。在第 7 号指导性案例“沈某公车私用、私车公养案”中，实事求是、精准处置就是执纪执法的要点所在。随着“公车私用”问题得到有效遏制，“私车公养”问题开始抬头。“私车公养”问题通常涉案金额不大，但本质是化公为私、贪污侵占的腐败问题。虽然“私车公养”行为构成违纪违法甚至涉嫌职务犯罪，但实践中存在边远地区、交通不便地区使用私车执行公务按标准用公务加油卡加油，以及县乡基层工作人员下村入户超出保障范围适度调整公务交通补贴标准等行为，对

---

① 《中央纪委国家监委执纪执法指导性案例》（第二批），中国方正出版社 2021 年版，第 1—6 页。

此就不宜按违纪违法行为认定。[①] 该案坚持原则与例外相结合的基本理念，对“私车公养”的具体形态和例外情形进行了精准甄别，通过统一执纪执法标准顺应了反腐败斗争的现实需要。在第 10 号指导性案例“徐某对抗组织审查案”中，要注意严格区分“对抗组织审查”与“在组织谈话、函询时不如实说明问题”两类性质不同的问题，既要善于从政治上加以甄别判断，又要注意避免简单泛化认定，从“违规”和“有责”两个要素出发，做到实事求是、不枉不纵、精准认定。[②] 这些执纪执法指导性案例的公布及参照执行，对《中国共产党纪律处分条例》《中国共产党问责条例》的正确理解适用，对中国特色社会主义法治体系统一性的维护具有重要意义。

（二）以法治统一观为基础的制度完善

法治统一观以维护国家法治秩序的统一性和安定性为根本要求，具体体现在立法、执法、司法和守法等各个不同的法治建设环节。在我国当下的法治建设实践中，破坏法治统一的现象尚未绝迹。“一些地方运动式、‘一刀切’执法问题仍时有发生，执法不作为问题突出”。[③] 近年来，人民法院裁判标准不统一、同案不同判现象受到群众诟病。为有效维护国家法治体系的统一性，以突出最高人民法院确保法律正确统一适用职责为核心的四级法院审级职能定位改革正在积极推进，以统一法律适用为宗旨的案例指导制度在司法审判和检察监督领域茁壮成长。可以说，维护国家法治体系统一性的体制机制建设已经成为当代中国社会主义法治建设的重中之重。

为了充分彰显执纪执法指导性案例维护法治体系统一性的功能，中央纪委国家监委应当在总结历次执纪执法指导性案例发布经验的基础上，及时制定专门的党内法规，正式确立执纪执法指导性案例在社会主义法治体系制度

---

① 《中央纪委国家监委执纪执法指导性案例》（第二批），中国方正出版社 2021 年版，第 26—27 页。

② 《中央纪委国家监委发布第三批执纪执法指导性案例》，https://www.ccdi.gov.cn/yaowenn/202206/t20220629_202041.html，2022 年 7 月 1 日访问。

③ 习近平：《坚定不移走中国特色社会主义法治道路　为全面建设社会主义现代化国家提供有力法治保障》，载《求是》2021 年第 5 期。

谱系中的应有地位，充分发挥指导性案例在统一执纪执法标准上的引领示范和实践指导作用。其中，最重要的内容是明确“应当参照”的“同类案件”和“同类问题”的具体判断识别标准与参照适用的具体方式。最高人民法院指导性案例制度已经运行十多年，相关成熟经验可资借鉴。在案件和问题同类性的归类上，要坚持超越现象探究本质的法治统一观，顺应腐败形式不断花样翻新、隐蔽性日益增强的趋势；在参照的具体方式上，可以将指导性案例的精神要义辐射到行为性质认定和结果处理两个方面，实现执纪执法的和谐统一。鉴于中央纪委国家监委和地方各级纪检监察机关目前还同时不定期地向全社会公开曝光违纪违法典型案例，应当将其与正式的执纪执法指导性案例区分开来，凸显后者享有的维护法治体系统一性的专属功能。

二、强化中央纪委国家监委对下监督领导的职能

作为党和国家监督专责机关的纪检监察机关，与作为国家审判机关的人民法院一样，同为法治体系的坚定维护者。鉴于党和国家机关兼具政治属性与法律属性的双重特质，妥善处理好不同机关之间的外部关系和同一机关上下级之间的内部关系，是我国国家治理体系和治理能力现代化的题中应有之义。纪检监察机关自身所具有的强烈政治属性，决定了其更需要妥善处理好系统内部的关系。中央纪委国家监委在党和国家权力结构中具有十分重要的地位，通过执纪执法指导性案例强化其对下监督领导职能是加强党中央对纪检监察工作集中统一领导的制度体现。

（一）强化中央纪委国家监委对下监督领导职能的内涵

为强化中央纪委国家监委对下监督领导的职能，除了在机构设置、人员组成方面完善顶层设计外，还需要聚焦中心任务积极探索相应的工作机制。作为一种有益尝试，执纪执法指导性案例制度的推行，可以增强中央纪委国家监委对下监督领导的精准性，进而强化中央纪委国家监委对下监督领导的职能。从中央纪委国家监委发布的 11 个执纪执法指导性案例来看，首批

4个案例聚焦违反中央八项规定精神问题，第二批3个案例聚焦地方反映突出、群众反映强烈的典型问题，第三批4个案例聚焦人民群众反映强烈的公务接待中的“吃公函”、损害群众利益的“乱摊派”以及对抗组织审查等问题，其共性在于违纪违规违法者级别不高但都发生在人民群众身边，且社会影响很大。通过指导性案例的遴选发布，可以传递出作风建设永远在路上、反腐败斗争越往后越严的强烈信号。

在第9号案例“吴某违规摊派案”中，吴某作为乡政府主要负责人，以支持乡政府开展工作为由，要求辖区内多家私营企业、个体工商户“捐赠”办公用品。这一行为本质上是将服务群众的义务当作管理群众的特权，打着自愿捐赠的幌子将本应由单位承担的费用转移到群众身上，增加了群众负担。吴某的违规摊派行为损害了群众利益，败坏了党和政府的形象，侵蚀了党的执政基础，属于违反群众纪律的行为，应当受到严肃处理。[①] 在优化营商环境、建设服务型政府成为行政改革主旋律的大背景之下，如何通过深化放管服改革为市场主体创造良好的发展环境，考验着各级党政机关的依法行政能力。该案的发布，体现出中央纪委国家监委坚持群众利益无小事的人民立场和坚决铲除滋生“微腐败”土壤的决心，对遏制“乱摊派”具有示范效应，有助于强化中央纪委国家监委对下监督指导的靶向性和精准性。

（二）强化中央纪委国家监委对下监督领导职能取向的制度完善

在我国社会大众的一般认知中，纪委监委特别是中央纪委国家监委肩负正风肃纪的特殊任务，具有相当程度的神秘色彩。随着纪检监察体制改革的稳步推进和全面从严治党的不断深入，中央纪委国家监委通过及时更新网站发布各类信息，制作一系列反腐专题片，定期举行开放日活动邀请社会人士实地参观等多种方式，不断向世人揭开曾经神秘的面纱，全方位展示其公开透明的全新形象。这些举措有助于外界了解中央纪委国家监委的日常工作，

① 《中央纪委国家监委发布第三批执纪执法指导性案例》，https://www.ccdi.gov.cn/yaowenn/202206/t20220629_202041.html，2022年7月1日访问。

也能够充分宣传中央纪委国家监委查办大案要案的反腐成绩。如果说这些展示中央纪委国家监委权威性和亲和力的形式较为感性、直观，那么定期发布执纪执法指导性案例制度则是一种常态化、规范化方式，使中央纪委国家监委对下监督领导职能不断得到强化。

相较于前两批执纪执法指导性案例发布而言，中央纪委国家监委在发布第三批执纪执法指导性案例时，特意在“编者按”中指出，这是在“对内蒙古、河南、湖北、海南、云南等省（自治区）和广州市纪委监委案件审理室提供的指导性案例素材稿进行认真审核”[①]的基础上，经审慎研究、反复论证组织编写而成的。为了充分彰显执纪执法指导性案例制度强化中央纪委国家监委对下监督领导职能的现实功能，应当从三个方面作出进一步的具体规定：一是加强执纪执法指导性案例制度的顶层设计，明确设立中央纪委国家监委案例指导工作办公室，由中央纪委国家监委案件审理室作为具体负责执纪执法指导性案例遴选、审查和报审事务的工作机构；二是明确有权推荐执纪执法指导性案例的机关和具体报审要求，体现执纪执法指导性案例制度的严肃性和专业性；三是明确规定执纪执法指导性案例的遴选标准和审查程序。通过这些程序性规定，可以进一步巩固中央纪委国家监委对下监督领导职能实现的方式。

三、创新党内法规的社会普及方式

如同“法律的生命在于实施，法律的权威来源于实施”一样，党内法规的生命力和权威也源于实施。作为社会主义法治体系的重要组成部分，党内法规的制定、实施、保障和监督等诸环节之间同样需要实现无缝对接。如果说党内法规制定解决的是“有规可依”的问题，那么党内法规实施解决的则是“有规必依、执规必严、违规必究”的问题，是将“纸面上”的党内法规

① 《中央纪委国家监委发布第三批执纪执法指导性案例》，https://www.ccdi.gov.cn/yaowenn/202206/t20220629_202041.html，2022 年 7 月 1 日访问。

转变为“行动中”的党内法规的过程。只有当广大党员特别是党员领导干部心中的党内法规意识明显增强，党内法规得到严格遵守和执行并真正成为党员干部的硬约束时，才能称得上党内法规实施到位。当前，必须进一步加强党内法规的社会普及工作。“遵守党内法规成效好坏，既与党员干部政治意识、规矩意识、道德观念、文化教育程度等主观条件有关，也与党内环境、社会环境等客观条件有关。”[①]只有不断创新党内法规的社会普及方式，才能夯实尊规学规懂规知规的社会基础，切实提升党内法规的实施效果。

（一）创新党内法规社会普及方式的内涵

党内法规知识的普及除了依靠党员和领导干部自身加强日常学习和参与培训之外，还有赖纪检监察机关以案释规，通过对执纪执法典型个案的深度解析，使党内法规的精神要义扎根于党员和领导干部的心中并转化为日常的政治自觉和行动自觉。面对海量的党内法规，各级党政机关干部无法像专业人士一样在短时间内对其迅速理解掌握并将其作为日常行为的指南。为此，作为监督专责机关的纪检监察机关就应当借助执纪执法指导性案例这个制度平台，不断创新党内法规的普及方式，提升党内法规普及的实际效果。

第 2 号指导性案例“夏某违规操办其子婚庆事宜案”，涉及传统婚丧嫁娶中的正常人际交往和违规操办的界限认定问题。夏某作为副乡长，邀请与其没有礼尚往来的 5 名下属参加其子婚宴并收受礼金 2.5 万元，应当认定为“利用职权或者职务上的影响”操办婚庆事宜。夏某还邀请了部分亲属参加婚宴，这些人和夏某之间不存在职务上的隶属、制约关系，不是其管理服务对象，所送礼金数额也没有明显超出正常的礼尚往来水平，对于这部分情节就不宜认定为违纪违法。[②]第 3 号指导性案例“王某组织公款吃喝并违规接受宴请案”，涉及公款吃喝不同参加人之间的责任认定问题。王某是单位领导和公款吃喝组织者，对其处理力度应当从严从重，其他 5 名普通党员干部

---

① 宋功德、张文显主编：《党内法规学》，高等教育出版社 2020 年版，第 332 页。

② 《中央纪委国家监委执纪执法指导性案例》（第一批），中国方正出版社 2021 年版，第 10—11 页。

参加违规吃喝，处理则相对较轻，这种区分对象的处理方式兼顾了执纪工作的精准性和教育警示作用，取得了较好的执纪效果。[①]第4号指导性案例“张某退休后违规接受宴请案”，则涉及退休党员领导干部是否构成违规接受宴请对象的认定问题。张某虽已退休，但仍具有党员身份，特别是曾经担任过领导职务，在当地仍具有一定的影响力，更应带头严格遵守党的纪律和中央八项规定精神。张某的退休时间在党的十九大之后，中央对于严格落实中央八项规定精神、毫不松懈纠治“四风”的要求非常明确，但张某仍然多次接受退休前管理服务对象的宴请。为严肃党的纪律，应将其上述行为认定为违反中央八项规定精神。鉴于其已经退休，不再具有公职人员身份，可适用《中国共产党纪律处分条例》第111条廉洁纪律兜底条款的规定予以定性处理。[②]这三个案例发生在基层，发生在人民群众身边，都与传统社会的人际交往联系密切，具有很强的现实针对性。对请客送礼、朋友聚会等看似是社会习俗和人之常情的生活小事进行准确定性和靶向追责，目的就在于抓早抓小、防微杜渐，通过普及党内法规知识筑牢党员领导干部洁身自好、遵规守规的思想防线，真正实现党内法规普及的务实管用。

（二）增强党内法规社会普及成效取向的制度完善

《法治中国建设规划（2020—2025年）》明确提出，把重要党内法规列为党委（党组）理论学习中心组学习的重要内容，列为党校（行政学院）、干部学院重要教学内容，列入法治宣传教育规划重要任务。应当抓住这一重要契机，将执纪执法指导性案例作为党内法规制度的有机组成部分一并纳入普法规划范围，通过以案释规，增强一体推进“三不腐”的治理成效。可以参考旁听法院庭审、组织模拟法庭、举办庭审公开课、公开发布典型案例、制作情景剧等国家法律社会普及的有益经验，以广大党员、领导干部和人民群众喜闻乐见的方式，不断提高党内法规社会普及的可接受性。

① 《中央纪委国家监委执纪执法指导性案例》（第一批），中国方正出版社2021年版，第19页。
② 《中央纪委国家监委执纪执法指导性案例》（第一批），中国方正出版社2021年版，第25页。

习近平总书记强调指出，“法治建设既要抓末端、治已病，更要抓前端、治未病”，“要推动更多法治力量向引导和疏导端用力”。[①] 为了增强党内法规社会普及的成效，应当着眼于执纪执法指导性案例的典型性、普遍性和可接受性，将违反政治纪律、组织纪律、廉洁纪律、群众纪律、工作纪律、生活纪律行为的具体案例分类分期遴选发布出来，通过有组织、有计划的指导性案例发布方式向全社会普及党员和领导干部的行为边界。同时，应当聚焦纪律处分从轻、减轻、从重和加重等纪检监察裁量规则的具体运用，通过指导性案例的发布传递纪检监察机关办案的裁量依据，增强党内法规的社会普及成效。

四、促进党内法规与国家法律的衔接协调

在中国特色社会主义法治体系不断健全的当下，观察、处理好党内法规同国家法律之间的关系，是讲好中国法治故事的关键。在中国共产党的领导之下，国家法律与党内法规如同车之两轮、鸟之两翼，共同发挥着保障国家长治久安和维护社会长期繁荣稳定的作用。为维护中国特色社会主义法治体系内在的统一性，必须注重党内法规同国家法律之间的衔接和协调。

（一）促进党内法规与国家法律衔接协调的内涵

通过执纪执法指导性案例制度促进党内法规与国家法律的衔接协调，意味着应当在案例中注重实现党内法规同国家法律关系多维度的妥善处理。需要指出的是，纵使党内法规和国家法律制定程序再完备、备案审查质量再高，也无法完全避免二者之间在具体适用过程中的张力，为此必须通过权威机关的解释加以消解。作为专门规定党内法规解释工作的党内法规，《中国共产党党内法规解释工作规定》确立了“谁制定谁解释”和“授权解释”相并行

① 习近平：《坚定不移走中国特色社会主义法治道路　为全面建设社会主义现代化国家提供有力法治保障》，载《求是》2021 年第 5 期。

的党内法规解释模式。基于履行党的最高纪律检查机关职责的职能定位，中央纪委是重要的党内法规授权解释主体。在反腐败斗争的实践中，违纪违法者大多同时具有党员和国家机关、事业单位、基层群众性自治组织管理者的身份，其行为既涉嫌违反党的纪律又涉嫌职务违法，如何在精准认定行为性质的基础上实现党纪处分和政务处分程序面和实体面的匹配，关系到“纪法贯通、法法衔接”精神的落实，这对中央纪委国家监委解释适用党内法规提出了较高的要求。

以第6号指导性案例“崔某骗领财政惠民惠农补贴资金案”为例，该案就涉及对崔某行为如何定性以及如何实现党纪政务处分相匹配的问题。本案中担任村支部书记和村民委员会主任的崔某，以其女儿的名义，弄虚作假，编造退耕还林还草亩数，骗领财政补贴资金8000元并据为己有。对于这一行为的定性存在争论，即究竟适用《中国共产党纪律处分条例》第一百一十四条“优亲厚友”规定还是适用《中华人民共和国监察法》第十一条“涉嫌贪污”规定，前者属于违反群众纪律性质，后者属于职务违法性质。崔某的行为本质上是利用职务上的便利，非法占有公共财物，虽没有达到刑事追诉标准，但属于刑法规定的贪污行为，应当追究其纪律责任和监察责任，按照《中国共产党纪律处分条例》第二十八条和《中华人民共和国公职人员政务处分法》第三十三条第一款第一项规定予以严肃处理。为充分体现执纪执法工作效果，在给予崔某撤销党内职务处分的同时，依照《中华人民共和国村民委员会组织法》《农村基层干部廉洁履行职责若干规定（试行）》等规定，建议乡人民政府责令其辞去该村村民委员会主任职务，拒不辞职的，依法予以罢免；同时，由乡人民政府明确其不再享受补贴、奖金，以增强惩戒效果。[①] 本案对不同处理意见的详尽分析和最终取舍，是中央纪委国家监委立足个案适用解释党内法规和国家法律衔接协调关系的典范样本。

① 《中央纪委国家监委执纪执法指导性案例》（第二批），中国方正出版社2021年版，第13—19页。

（二）强化中央纪委国家监委解释地位取向的制度完善

中央纪委国家监委对党内法规的解释，既可以基于党的机关或党组（党委）的书面请示、请求作出，也可以根据工作需要主动作出。无论是从中央纪委国家监委合署办公的体制要求还是《中华人民共和国监察法》《中华人民共和国监察法实施条例》的立法精神来看，中央纪委国家监委定期发布执纪执法指导性案例都是对党内法规解释形式的重要创新。虽然纪检监察机关每年查办案件的数量不及法院系统和检察院系统，但基于全面从严治党的现实急迫性和长远重要性，中央纪委国家监委应当加快执纪执法指导性案例发布的步伐，充分借助指导性案例发布的制度平台，向全社会释放党内法规与国家法律解释适用的理念和技术，不断强化中央纪委国家监委在党内法规与国家法律衔接协调解释中的权威地位。

此外，为了充分发挥执纪执法指导性案例制度在协调党内法规与国家法律关系中的作用，中央纪委国家监委还可以借此制度平台扮演好双重角色。一方面，中央纪委国家监委可以立足具体执纪执法指导性案例的审查和发布，成为党内法规同国家法律衔接协调问题直接的规则确立者；另一方面，中央纪委国家监委可以立足执纪执法指导性案例的类案整理，成为党内法规同国家法律衔接协调问题间接的处理建言者。根据《中华人民共和国立法法》第九十九条的规定，国务院、中央军事委员会、最高人民法院、最高人民检察院等中央国家机关认为行政法规、地方性法规、自治条例和单行条例同宪法或者法律相抵触的，可以向全国人大常委会书面提出进行审查的要求或者建议；根据《中国共产党党内法规和规范性文件备案审查规定》第十九条的规定，审查机关对违反宪法和法律的党内法规和规范性文件应当不予备案通过，并要求报备机关进行纠正。根据法治体系统一性原理以及国家法律与党内法规衔接协调的要求，今后在《中华人民共和国立法法》《中国共产党党内法规制定条例》《中国共产党党内法规解释工作规定》的修订中，应当注重发挥中央纪委国家监委作为监督专责机关的解释作用，吸收执纪执法指导性案例的制度功能，使之成为构建新型党内法规国家法律关系的重要载体。

第十章
法治政府建设实施纲要特色论

2021年8月，中共中央、国务院印发了《法治政府建设实施纲要（2021—2025年）》（以下简称2021年《纲要》），这是继《法治社会建设实施纲要（2020—2025年）》（以下简称《法治社会纲要》）、《法治中国规划》之后当代中国又一份法治建设领域的纲领性文件，标志着法治中国建设整体上已经正式迈进“规划引领”[①]的新时代。如果说《法治政府建设实施纲要（2015—2020年）》（以下简称2015年《纲要》）是“基本建成法治政府的路线图和施工图”[②]，那么2021年《纲要》就是新发展阶段全面建设法治政府的奋斗宣言和行动纲领。2021年《纲要》的篇幅略短于2015年《纲要》，但起点更高、方位更准、举措更实，不求面面俱到但求重点突出，彰显了新发展阶段法治政府建设的新要求、新目标、新任务。[③]准确理解2021年《纲要》的核心要义，深刻揭示2021年《纲要》的时代特色，是摆在当下我国行政法学界面前的重要任务。相比较2015年《纲要》而言，2021年《纲要》更加凸显党的全面领导和以人民为中心，确保法治政府建设的政治方向和人民立场；更加彰显内部系统整合和外部全面融贯，激发法治政府建设的内生动力和外生动力；更加顺应科技创新时代的发展势能，提升法治政府建设的数字化水平。这五大鲜明的时代特色，构成了解读2021年《纲要》基本精神的关键密码，

---

① 马怀德：《迈向“规划”时代的法治中国建设》，载《中国法学》2021年第3期。

② 章志远：《法治政府建设的三重根基——〈法治政府建设实施纲要（2015—2020年）〉之精神解读》，载《法治研究》2016年第2期。

③ 2021年《纲要》正文共计10827字（2015年《纲要》为12423字），“新”字出现16次，“全面”（“建设”“突破”“加强”“深化”“推行”“落实”等后缀词）出现36次，体现出更加鲜明的时代特色。

也是中国特色社会主义法治政府建设事业能够继续推动人类法治文明进步的强大基因。

一、坚持党的全面领导

党的领导是社会主义法治区别于资本主义法治的根本特征，也是社会主义法治的政治方向和优势所在。《全面依法治国决定》指出："党的领导是中国特色社会主义最本质的特征，是社会主义法治最根本的保证。把党的领导贯彻到依法治国全过程和各方面，是我国社会主义法治建设的一条基本经验。"党的十九大报告中进一步指出："党政军民学，东西南北中，党是领导一切的。"发展社会主义民主、健全社会主义法制是我们党在改革开放之后提出来的，把依法治国、建设社会主义法治国家上升为党领导人民治国理政的基本方略是我们党在社会主义现代化建设时期提出来的，把全面依法治国纳入"四个全面"战略布局予以有力推进是我们党在中国特色社会主义进入新时代提出来的，党一直带领人民在伟大实践中不断推进依法治国。法治政府建设是全面依法治国的重点任务和主体工程，是推进国家治理体系和治理能力现代化的重要支撑，需要率先取得突破并产生广泛示范效应，为到2035年基本建成法治国家、法治政府、法治社会奠定坚实基础。

如果说党的十八大之前法治政府建设主要还是纯粹的政府系统内部任务，那么在党的十八大之后法治政府建设则已上升为党和国家的中心工作。国务院在1999年至2010年曾先后单独发布《关于全面推进依法行政的决定》《全面推进依法行政实施纲要》《关于加强市县政府依法行政的决定》《关于加强法治政府建设的意见》等文件，党的十八大之后的2015年《纲要》和2021年《纲要》都是由中共中央、国务院联合印发的。与2015年《纲要》相比，2021年《纲要》将"把法治政府建设放在党和国家事业发展全局中统筹谋划"作为法治政府建设的指导思想之一，将"坚持党的全面领导，确保法治政府建设正确方向"作为法治政府建设的首要原则，将"加强党的领导，完善法治政府建设推进机制"作为主体内容之一单独作出详细规定，更加凸显“坚持和加强党的全面领导”在法治政府建设中的引领作用，确保法治政府建设始终能够坚持正确的政治方向。

“全面依法治国是要加强和改善党的领导，健全党领导依法治国的制度和工作机制，推进党的领导制度化、法治化，通过法治保障党的路线方针政策有效实施。”[①]坚持和加强党对全面依法治国的领导并不是抽象的、空洞的口号式说教，而是具体的、生动的实践性要求，其中的核心要义就是把坚持党总揽全局、协调各方的领导核心地位落到实处。党的十九大之后，为加强党中央对法治中国建设的集中统一领导，健全党领导全面依法治国的制度和工作机制，更好地落实全面依法治国基本方略，党中央组建了中央全面依法治国委员会（以下简称中央依法治国委）。作为党中央重要的决策议事协调机构，中央依法治国委的职能定位是“负责全面依法治国的顶层设计、总体布局、统筹协调、整体推进、督促落实”，主要职责是“研究全面依法治国重大事项、重大问题”，作为办事机构的中央依法治国委办公室设在司法部。2021年《纲要》的结尾处明确规定：“中央依法治国办要抓好督促落实，确保纲要各项任务措施落到实处。”2019年4、5月间，中共中央办公厅、国务院办公厅印发了《法治政府建设与责任落实督察工作规定》，中央依法治国办随即启动法治政府建设与责任落实督察工作和法治政府建设示范创建活动，有力推动了法治政府建设进程。这些实践探索形成的有益经验，已经作为“法治政府建设推进机制”被2021年《纲要》第十部分所吸收。

在法治政府建设的全过程和各方面坚持和加强党的全面领导，是中国特色社会主义法治政府之魂。《全面依法治国决定》提出“中国特色社会主义法治体系”的重大命题之后，党和国家综合运用党内法规、国家法律和权威性文件等多种规范形式推动法治政府建设向纵深方向发展，逐渐形成了极具中国本土特色的法治政府建设推进机制。具体来说，主要包括四项内容：一是将“推进法治建设”明确列举为各级党政机关主要负责人的职责，

① 习近平：《坚定不移走中国特色社会主义法治道路，为全面建设社会主义现代化国家提供有力法治保障》，载《求是》2021年第5期。

其具体角色定位为“组织者”“推动者”“实践者”；二是从正面明确鼓励地方大胆探索、先行先试，充分发挥先进典型的示范带动作用；三是从反面建立健全必要的容错纠错机制，对法治改革创新实践中出现的失误错误豁免问责；四是将法治建设成就纳入政绩考评指标体系，与干部选拔任用直接挂钩。这些鲜活经验不仅已经被提炼为2021年《纲要》“加强党的领导，完善法治政府建设推进机制”部分的规定，而且“党的领导”元素还同时嵌入2021年《纲要》“健全八个方面体系”的主体内容之中。例如，《重大行政决策程序暂行条例》第四条规定：“重大行政决策必须坚持和加强党的全面领导，全面贯彻党的路线方针政策和决策部署，发挥党的领导核心作用，把党的领导贯彻到重大行政决策全过程。”作为“谁执法谁普法”普法责任制的直接规范依据，《关于实行国家机关“谁执法谁普法”普法责任制的意见》是由中共中央办公厅、国务院办公厅联合印发的。在“健全行政权力制约和监督体系”部分，“有权必有责、有责要担当、失责必追究”的表述源于《中国共产党问责条例》有关问责指导思想的规定；“坚持严管和厚爱结合、激励和约束并重”的表述源于《党政领导干部考核工作条例》有关考核工作指导思想的规定。这些党内法规与国家法律有机结合的治国理政新经验表明，一种“有效实现执政党政治领导权与政府机构行政权相平衡”的极具中国本土特色的“党政体制”已经形成。在凸显坚持和加强党的全面领导的新型党政体制下，法治政府建设将始终沿着正确的政治方向全面取得突破。

二、践行以人民为中心

习近平总书记在庆祝中国共产党成立100周年大会上的讲话中指出：“江山就是人民、人民就是江山，打江山、守江山，守的是人民的心。中国共产党根基在人民、血脉在人民、力量在人民。”[①] 为中国人民谋幸福、为中华民

---

① 习近平：《在庆祝中国共产党成立100周年大会上的讲话》，人民出版社2021年版，第13页。

族谋复兴是中国共产党的初心和使命，带领人民创造美好生活是中国共产党始终不渝的奋斗目标。法治是治国理政的基本方式，法治建设同样应当始终坚持人民立场。《全面依法治国决定》指出："必须坚持法治建设为了人民、依靠人民、造福人民、保护人民，以保障人民根本权益为出发点和落脚点，保证人民依法享有广泛的权利和自由、承担应尽的义务，维护社会公平正义，促进共同富裕。"党的十九届四中全会《决定》强调："坚持法治建设为了人民、依靠人民，加强人权法治保障，保证人民依法享有广泛的权利和自由、承担应尽的义务，引导全体人民做社会主义法治的忠实崇尚者、自觉遵守者、坚定捍卫者。"党的十九届五中全会《决定》指出："始终做到发展为了人民、发展依靠人民、发展成果由人民共享，维护人民根本利益，激发全体人民积极性、主动性、创造性，促进社会公平，增进民生福祉，不断实现人民对美好生活的向往。"可见，坚持以人民为中心一直是中国共产党治国理政实践所秉承的基本立场。

与2015年《纲要》相比，2021年《纲要》对法治政府建设践行人民立场的站位更高、要求更严、举措更实。在法治政府的目标设定上，"人民满意"是全新的建设标准，充分彰显了新发展阶段法治政府建设的人民性。在法治政府建设的基本原则上，"一切行政机关必须为人民服务、对人民负责、受人民监督"成为所有行政权力行使的座右铭，"人民需要""人民权益""人民尊严""人民满意""人民信任""人民理解""人民支持"成为检验法治政府建设成效的重要标尺。法治政府建设践行以人民为中心的理念，体现了我国法治建设法律属性和政治属性的辩证统一，与行政法学初创时期行政法理论基础讨论中的"人民政府论"[①] 有异曲同工之效。在加强党的全面领导的新时代，站稳法治政府建设的人民立场，就是要"使党和人民赋予的权力始终

① 作为"人民政府论"的首倡者，行政法学家杨海坤教授早在1989年就指出："中国行政法学的理论基础可以概括为：政府由人民产生、政府由人民控制、政府为人民服务、政府对人民负责、政府与公民关系平等化这五个方面，并由这五个方面构成了一个完整的有机联系的整体，成为我国行政法学的理论基石。"参见杨海坤：《论我国行政法学的理论基础》，载《北京社会科学》1989年第1期。

用来为人民谋幸福”。

践行以人民为中心的原则并非空洞的口号，而是体现在“国之大者”的方方面面，其内涵还会随着时代的发展不断得到丰富。“‘以人民为中心’在法治上的体现，就是以人民至上为原则，确立人民的主体地位；以人民福祉为宗旨，维护人民的合法权利；以人民关切为导向，回应人民的利益期待。”[①] 在2021年《纲要》中，新发展阶段法治政府建设的人民立场覆盖面更广、要求更高。就人民群众的获得感和满意度而言，行政机关和司法机关都是国家法律的实施机关，都担负彰显社会公平正义的神圣使命，党和国家不但要“努力让人民群众在每一个司法案件中感受到公平正义”，而且要“努力让人民群众在每一个执法行为中都能看到风清气正、从每一项执法决定中都能感受到公平正义”。相比司法案件而言，行政执法与人民群众之间的关联度最高、影响面最广，将人民群众的获得感、幸福感和安全感从司法案件扩及执法决定，既符合新发展阶段人民群众对社会公平需求日益增长的实际，也符合“行政国家时代”行政权渗透到社会生活每个角落的实际。就人民群众合法权益的类型而言，平等参与、平等发展和人格尊严的充分保障在新发展阶段更为重要。例如，为切实解决老龄化社会老年人在信息化发展中遭遇到的“数字鸿沟”，让老年人在社会进步中也能够与年轻人同样有更多的获得感、幸福感和安全感，在加快建设服务型政府、提高政务服务效能方面，必须“坚持传统服务与智能创新相结合，充分保障老年人基本服务需要”；面对社会矛盾纠纷的日益增多和人民群众多元化纠纷解决方式的现实需求，法治政府建设的重要任务之一就是健全社会矛盾纠纷的行政预防调处化解体系，“着力实现人民群众权益受到公平对待、尊严获得应有尊重”。2021年《纲要》中的这些全新表述，回应了新发展阶段人民群众的新期待，适应了人民日益增长的美好生活需要，能够确保法治政府建设始终站稳人民立场。

---

① 胡玉鸿:《“以人民为中心”的法理解读》，载《东方法学》2021年第2期。

三、整体推动协同发展

2015年《纲要》实施以来，法治政府建设在一系列环节取得重要进展。在政府职能依法全面履行方面，行政审批制度改革持续深化，“放管服”改革成效显著，营商环境不断得到优化；在依法行政制度体系方面，《行政法规制定程序条例》《规章制定程序条例》作出修改，行政规范性文件监督管理机制不断强化；在行政决策科学化、民主化、法治化方面，《重大行政决策程序暂行条例》颁布实施，行政决策质量和公信力不断提高；在严格规范公正文明执法方面，综合行政执法体制改革稳步推进，行政执法方式不断创新，行政处罚裁量基准改革日益健全；在行政权力制约和监督方面，国家监察体制改革迈开重大步伐，行政问责力度持续加大，《政府信息公开条例》作出重大修改；在依法有效化解社会矛盾纠纷方面，信访法治化改革持续推进，非诉讼纠纷解决机制作用初步显现；在政府工作人员法治思维和依法行政能力提升方面，领导干部“关键少数”学法热情提高，政府法律顾问制度普遍建立，行政执法人员素质不断提升。经过五年努力，适应全面建成小康社会需要的法治政府建设阶段性目标基本完成，为新时代法治政府建设高质量发展奠定了坚实基础。

站在两个一百年历史交汇的特殊时间节点上来看，我国法治政府建设依旧任重道远，目前还存在很多短板和弱项，与人民群众期待和经济社会发展要求之间还不完全相适应。法治政府建设虽然已经取得“多点”突破，但单兵突进居多、整体协同甚少，行政系统内部的闭环责任体系和协同发展格局尚未形成。“我国法治政府建设是整体、全面的，碎片化和差异化都可能会产生‘牵一发动全身’的连锁反应，进而影响法治政府发展的大局。”①2021年《纲要》更加突出法治政府建设的整体性、协同性和系统性，坚持问题导向、系统集成和统筹推进，努力实现法治政府建设的均衡发展和协同发展。②

① 曹鎏:《论我国法治政府建设的目标演进与发展转型》，载《行政法学研究》2020年第4期。

② “协同”和“体系”二词在2021年《纲要》中分别出现7次和23次，在2015年《纲要》中分别出现1次和18次，反映了二者在法治政府建设协同发展和体系构建上的差异性。

这种系统性和整体性首先就表现为法治政府建设一以贯之的一条主线——加快构建职责明确、依法行政的政府治理体系。从制度历史演进上看，“构建职责明确、依法行政的政府治理体系”始见于党的十九届四中全会《决定》，是坚持和完善十二个方面的中国特色社会主义制度之一（即“坚持和完善中国特色社会主义行政体制”）；“国家行政体系更加完善，政府作用更好发挥，行政效率和公信力显著提升”作为“国家治理效能得到新提升”的重要组成内容，成为十九届五中全会《决定》确立的“十四五”时期经济社会发展的主要目标之一；“职责明确、依法行政的政府治理体系日益健全”也是《法治中国规划》确立的建设法治中国的总体目标之一。可见，2021 年《纲要》通过法治政府建设内在结构主线的遵循和贯彻，真正做到了法治政府建设与经济社会发展、国家治理体系和治理能力现代化的整体推进和同步实施，表现出极高的政治站位和充分的道路自信。

整体推动、协同发展的法治政府建设模式，不仅体现在 2021 年《纲要》有关法治政府建设的指导思想、基本原则和总体目标上，而且还贯穿于法治政府建设的整个框架体系之中，分布在健全八个方面体系、强化八个方面能力的谋篇布局之间。对于政府机构职能体系的健全，2021 年《纲要》提出的标准是“边界清晰、分工合理、权责一致、运行高效、法治保障”；对于依法行政制度体系的健全,2021 年《纲要》强调要“加强规范共同行政行为立法，推进机构、职能、权限、程序、责任法定化”；对于行政决策制度体系的健全，2021 年《纲要》强调要“切实避免因决策失误产生矛盾纠纷、引发社会风险、造成重大损失”；对于行政执法工作体系的健全，2021 年《纲要》提出深化行政执法体制改革的目标是“权责清晰、运转顺畅、保障有力、廉洁高效”；对于跨领域跨部门联合执法，2021 年《纲要》提出要“实现违法线索互联、执法标准互通、处理结果互认”；对于突发事件应对体系的健全，2021 年《纲要》强调要“加强突发事件监测预警、信息报告、应急响应、恢复重建、调查评估等机制建设”；对于社会矛盾纠纷行政预防调处化解体系的健全，2021 年《纲要》强调要“坚持将矛盾纠纷化解在萌芽状态、化解在基层，推动诉源治理”；对于行政权力制约和监督体系的健全，2021 年《纲要》强调“着力实现行政决策、执行、组织、监督既相互制约又相互协调，确保对行政权力制约和监督全覆盖、无缝隙”。从这些法治政府建设的新思路、新举措上来看，改单兵突进为协调发展、改碎片化建设为体系化建构，已经成为新发展阶段我国理想类型的法治政府建设新模式。这种以全面突破、协调并进、激发内生动力为目标的改革路径，彰显了我国法治政府建设特有的环境优势和制度底气，有利于持续深入推进“从离散趋向于集中、从部分趋向于整体、从碎片趋向于整合”的面向整体政府的改革。[①]

四、融贯市场社会力量

作为一项具有中国本土特色的政策要求和法治实践，“法治政府”话语总体上是特定阶段官方从法治视角对政府权力运行状态的阶段性理想定位，是一种基于管理视角、着力于规范行政活动的内部制度建构和实施的产物。[②]在行政法学理上，与之相对应的就是寄望于行政机关自我革新实现法治政府建设目标的“行政自制理论”。[③]从总体上看，2015 年《纲要》实施以来法治政府建设取得的成就主要还是来源于行政系统的内生动力，外部力量参与、介入的倒逼效应明显不足。随着我们党治国理政经验的日臻成熟，特别是对全面依法治国作为系统工程需要整体谋划、协同推进以及有效市场和有为政府更好结合认识的不断增强，法治政府建设外生动力的充分激发逐渐提上日程。《法治中国规划》将“坚持统筹推进”作为法治建设遵循的基本原则，再次强调坚持依法治国、依法执政、依法行政共同推进，坚持法治国家、法治政府、法治社会一体建设，全面推进科学立法、严格执法、公正司法、全民守法。《法治社会纲要》将社会主义法治社会的目标设定为“信仰法治、公平正义、保障权利、守法诚信、充满活力、和谐有序”，所开具的“推动全社会增强法治观念”“健全社会领域制度规范”“加强权利保护”“推进社

① 王敬波：《面向整体政府的改革与行政主体理论的重塑》，载《中国社会科学》2020 年第 7 期。
② 刘国乾：《法治政府建设：一种内部行政法的制度实践探索》，载《治理研究》2021 年第 3 期。
③ 崔卓兰、于立深：《行政自制与中国行政法治发展》，载《法学研究》2010 年第 1 期。

会治理法治化”“依法治理网络空间”五大任务都或显或隐地设定了行政机关的职责。因此，当代中国的法治政府建设已经进入综合配套、系统集成的全新攻坚时代，不可能完全置身于法治国家、法治社会建设的场景之外。例如，作为“社会生活百科全书”的《民法典》的颁布实施，使我国正式进入“民法典时代”，这既是全体国民现代化的契机，也是国家治理现代化的契机。“各级政府要以保证民法典有效实施为重点抓手推进法治政府建设，把民法典作为行政决策、行政管理、行政监督的重要标尺，不得违背法律法规随意作出减损公民、法人和其他组织合法权益或增加其义务的决定。”①

“坚持和完善社会主义基本经济制度，充分发挥市场在资源配置中的决定性作用，更好发挥政府作用”是党的十九届四中、五中全会《决定》的核心内容之一，有效市场和有为政府是在党的领导下实现中华民族伟大复兴的双轮引擎。有效市场是有为政府的边界，有为政府则是有效市场的保障，只有二者更好地结合才能迸发出巨大势能。2021 年《纲要》在融贯市场力量共同推进法治政府建设方面着墨甚多，体现出对市场地位的充分尊重。在政府机构职能优化方面，强调“法定职责必须为、法无授权不可为”“把该管的事务管好、管到位”“强化制定实施发展战略、规划、政策、标准等职能，更加注重运用法律和制度遏制不当干预微观经济活动的行为”，通过塑造有为政府保障有效市场作用的充分发挥；在持续优化法治化营商环境方面，强调“加强政企沟通，在制定修改行政法规、规章、行政规范性文件过程中充分听取企业和行业协会商会意见”，增强行政法律规范的市场可接受性；在完善行政执法程序方面，强调“规范涉企行政检查，着力解决涉企现场检查事项多、频次高、随意检查等问题”“除有法定依据外，严禁地方政府采取要求特定区域或者行业、领域的市场主体普遍停产停业的措施”，为企业正常生产经营扫除障碍。这些新举措针对性强、靶向性准，以市场主体体验为导向，真正发挥了给行政权力“定规矩、划界限”的作用，切实解决了当下制

① 习近平：《充分认识颁布实施民法典重大意义，依法更好保障人民合法权益》，载《求是》2020 年第 12 期。

约法治政府建设和市场经济发展的突出问题。

“实现政府治理和社会调节、居民自治良性互动”是党的十九届四中、五中全会《决定》确立的加强和创新社会治理的基本路径，也是《法治社会纲要》推进社会治理法治化的重要举措。2021年《纲要》在融贯社会力量共同参与法治政府建设方面精心布局，体现出政府与社会互动并行的新气象。在提高政务服务效能方面，强调“全面实现政务服务事项全城通办、就近能办、异地可办”，努力建设“家门口的政务服务”；在完善立法工作机制方面，强调“积极运用新媒体新技术拓宽立法公众参与渠道，完善立法听证、民意调查机制”，努力提高政府立法的社会接受度；在严格落实重大行政决策程序方面，强调“增强公众参与实效”“加大公众参与力度”“认真听取和反映利益相关群体的意见建议”，着力厚植重大行政决策的民意基础；在加大重点领域执法力度方面，强调“对举报严重违法违规行为和重大风险隐患的有功人员依法予以奖励和严格保护”，进一步吸引社会力量通过举报提供执法线索、节约行政执法资源；在健全突发事件应对体系方面，设置专门条款规定“引导、规范基层组织和社会力量参与突发事件应对”，彰显对政府与社会合作共同应对突发事件的期盼；在全面主动落实政务公开方面，强调“用政府更加公开透明赢得社会信任”“鼓励开展政府开放日、网络问政等主题活动，增进与公众的互动交流”，为行政权力接受社会监督创造条件。这些旨在促使政府与社会、市场关系由对立走向合作的新举措，激发了法治政府建设的外生动力，能够形成一种融市场主体自我规制、社会组织内部自治、第三方专业机构参与、吹哨人启动执法和政府事中事后监管于一体的“多元主体合作共治”格局，从而改变政府单中心管理模式，重塑政府与市场和社会之间的共生关系。“政企和政社关系的新变化并非意味着国家的逐渐消亡，毋宁说需要一个更有活力、更加强大的理想政府。”①

① 章志远：《监管新政与行政法学的理论回应》，载《东方法学》2020年第5期。

五、通过数字技术赋能

当前，以互联网、大数据、人工智能为代表的新一代信息技术日新月异，对全球范围内的经济社会发展、国家管理、社会治理、人民生活正产生着重大而深远的影响。我国是后发型工业化、城市化国家，但在信息化、数字化时代却与其他发达国家处于同步调发展和竞争阶段。置身于飞速的科技创新时代，我国应当坚持创新驱动发展策略，全面塑造经济社会发展新优势，积极探索通过数字技术革新赋能政府治理，实现政府治理法治化与信息化的深度融合。党的十九届四中全会《决定》在对“构建职责明确、依法行政的政府治理体系”作出部署时，提出“建立健全运用互联网、大数据、人工智能等技术手段进行行政管理的制度规则”“推进数字政府建设，加强数据有序共享”等重要任务，指明了信息革命时代借助数字技术赋能政府治理体系和治理能力现代化的改革方向；党的十九届五中全会《决定》提出建设“数字中国”的目标，要求“加强数字社会、数字政府建设，提升公共服务、社会治理等数字化智能化水平”；《法治中国规划》将加强科技和信息化保障列入“有力的法治保障体系”之中，要求“全面建设‘智慧法治’，推进法治中国建设的数据化、网络化、智能化”。

2021 年《纲要》紧扣当前科技创新时代实际，将“智能高效”设定为新发展阶段法治政府建设的新目标，明确提出“全面建设数字法治政府”的时代任务，致力于提升法治政府建设的数字化水平。一个通过数字技术赋能政府治理现代化、实现数字技术发展与法治政府建设深度融合的崭新时代已经来临。就数字法治政府建设的具体方向而言，2021 年《纲要》提出了“加快推进信息化平台建设”“加快推进政务数据有序共享”“深入推进‘互联网+’监管执法”的三重任务，涉及政务服务模式的划时代变革、大数据在政府治理体系各个环节的运用和智慧监管执法模式的创新，这些改革将会大大提升法治政府建设的数字化水准和行政工作的效能。与依托传统人海战术和公务人员勤政提高行政效能所不同的是，数字技术应用和数据赋能能够全方位推动政府职能转换、创新政府组织方式、提升行政决策能力、改善政务服务品质，使包括“行政手段有效实现目标”和“行政手段效益最大化”双重规范内涵的“行政效能原则”真正得以实现。①

“智能高效型”法治政府建设是一项全新的事业，也是一项跨界融合发展的系统工程，涉及政府治理理念的变革、政企合作关系的重构和数字技术的创新应用，对传统法律体系形成了诸多挑战，需要予以系统的理论阐释和制度回应。②从长远来看，全面建设数字法治政府将迸发出强大的势能，带动职能科学、权责法定、执法严明、公开公正、廉洁诚信、人民满意的法治政府建设。大量行政事务的“掌上办”“马上办”“随时办”，能够实现政府瘦身和人民满意的“双赢”；“让数据多跑路、让群众少跑腿”，真正践行了行政权力为民服务的宗旨；以“互联网+监管”为依托的远程监管、移动监管和信用监管，为精准监管、靶向监管、科学监管和有效监管提供了坚实保障，增强了人民群众对政府监管能力的信心；信用信息共享平台、掌上复议、在线调解、共享法庭的灵活使用，缓解了官民关系的对抗性，实现了社会矛盾纠纷的多元化高效化解。这些正在初步实践的数字政府建设成果，昭示着通过数字技术赋能政府治理现代化的美好前景，将成为新发展阶段我国高质量法治政府建设的重要生长点。2021年《纲要》第九部分擘画了“十四五”期间全面建设数字法治政府的蓝图，我国法治政府建设必将为人类法治文明进步贡献“数字中国方案”和“数字中国智慧”。

① 沈岿:《论行政法上的效能原则》，载《清华法学》2019年第4期。

② 参见马颜昕等:《数字政府：变革与法治》，中国人民大学出版社2021年版，第二编“数字政府对传统政府的变革”。

第十一章
法治一体建设地方试验模式论

2012年12月4日，在首都各界纪念现行宪法公布施行30周年大会上，习近平总书记首次提出“坚持法治国家、法治政府、法治社会一体建设”（以下简称法治一体建设）的重大命题。此后，法治一体建设相继为党的十八届三中全会、四中全会和党的十九届四中全会报告明确认可，成为习近平新时代中国特色社会主义思想的重要组成内容。“法治国家是法治建设的目标，法治政府是法治国家的主体，法治社会是法治国家的基础，三者共同构成建设法治中国的三根支柱。”[①] 自2013年开始，法学界围绕法治一体建设命题展开过多角度理论阐释。张文显教授立足“法理”对新时代全面依法治国思想、方略和实践进行了深度诠释，认为“‘法治中国’是习近平在浙江工作时提出的‘法治浙江’概念合乎逻辑的延伸和升华”；[②] 周尚君教授立足“程序型法治”的湖南案例、“自治型法治”的广东案例和“市场型法治”的浙江案例，从国家建设视角审视了地方法治实验的成就和经验；[③] 陈柏峰教授将中国特色的法治社会的核心内涵界定为“公权力运作系统之外的社会生活的法治化”，分析了法治社会基本结构和运行机制。[④] 江必新教授对法治社会建设进行了系统、全面阐释，认为“以法治社会为重心的一体建设的法治发展观，符合法治的一般成长规律和中国社会的现状”；[⑤] 姜明安教授对法治国家、法

---

① 中共中央宣传部：《习近平新时代中国特色社会主义思想三十讲》，学习出版社2018年版，第189页。

② 张文显：《治国理政的法治理念和法治思维》，载《中国社会科学》2017年第4期。

③ 周尚君：《国家建设视角下的地方法治实验》，载《法商研究》2013年第1期。

④ 陈柏峰：《中国法治社会的结构及其运行机制》，载《中国社会科学》2019年第1期。

⑤ 江必新、王红霞：《法治社会建设论纲》，载《中国社会科学》2014年第1期。

治政府、法治社会一体建设的相互关系进行了专门研究。[①] 这些成果丰富了法治一体建设的理论内涵，对法治一体建设实践具有参考价值。本章立足党的十五大首次提出“依法治国、建设社会主义法治国家”以来我国波澜壮阔的法治建设实践，通过对若干典型制度改革样本的实证观察，论证一种极具中国本土特色的地方试验型法治生长模式。通过对这一模式运作逻辑和关键元素的分析，指导和助推法治一体建设目标的如期实现。

一、地方试验型模式的初步生成

回望七十多年国家经济社会的发展历程，可以看出，前三十年更多的是一种中央直接主导设计的发展模式，计划经济体制下的人民公社、单位体制就是典型例证。改革开放四十多年来则在发展模式上出现了显著变化，更多制度创新都是从地方实践中“试出来”“闯出来”的，发轫于安徽凤阳“包产到户”的家庭联产承包责任制和创办经济特区“杀出一条血路”的先行先试改革都是明证。这种带有经验主义色彩的改革经由经济领域、社会领域向行政领域、司法领域扩张，成为引领新时代继续改革开放的强大引擎。实践表明，这种“先地方、后中央”“先试点、后推广”的改革智慧降低了改革成本和社会风险，是一条符合中国特色社会主义事业发展的正确道路。

自党的十五大首次提出“依法治国、建设社会主义法治国家”的目标以来，经过二十多年的砥砺奋进，法治国家建设硕果累累。近年来，党中央、国务院围绕建设法治政府这一“全面推进依法治国的重点任务和主体工程”作出了一系列战略擘画。[②] 与此同时，全国各地在坚持法制统一性原则的前提下开展了一系列卓有成效的法治政府示范创建活动，形成了一大批可复

① 姜明安：《论法治国家、法治政府、法治社会建设的相互关系》，载《法学杂志》2013年第6期。

② “法治政府在法治中国格局中具有特殊的地位和作用，在某种意义上可以说政府的法治化决定着法治国家和法治中国的质量和进程。”参见张文显：《习近平法治思想研究（中）——习近平法治思想的一般理论》，载《法制与社会发展》2016年第3期。

制、可推广的做法和经验，彰显出地方与中央之间的密切配合和良性互动，既为深化法治一体建设奠定了扎实基础，也为总结我国法治一体建设模式提供了绝佳素材。

就法治政府与法治社会一体建设的连接点而言，法治意识、规范权力、社会善治和纠纷化解是四个重要元素。其中，法治意识强调全民守法，尤其是作为“关键少数”的领导干部要带头守法，为全社会作出表率；规范权力强调一切公权力的行使必须合乎公平正义的要求，将权力关进制度的笼子里；社会善治强调系统治理和源头治理，通过权力与权力、权利之间的协商合作达至共治共赢的实效；纠纷化解强调通过体制机制的完善，促进社会矛盾纠纷得到公正及时解决。下文将以“行政机关负责人出庭应诉”“行政审批制度改革”“行政执法裁量基准”“国家监察体制改革”“司法与行政良性互动”“行政公益诉讼探索”“行政复议体制改革”“行政案件管辖探索”八项微观行政法律制度改革为例，通过“点和面”“局部和整体”的深入观察，提炼一种“自下而上与自上而下相结合”的地方试验型法治建构模式，初步证成其在实现法治一体建设中的引领作用。在这八项改革实践中，四项是浙江的自主创新，两项是其他地区的边缘创新，两项是中央遴选的试点创新，都体现了中央与地方在法治一体建设上的有效互动。

（一）“法治浙江”区域自主探索的贡献

浙江是习近平新时代中国特色社会主义思想的重要萌发地和忠实实践地。近些年来，浙江在省域层面大胆创新、积极探索，出台了一系列“法治浙江”新举措，为率先基本建成法治政府作出了巨大贡献。可以说，“法治浙江”的生动实践就是“法治中国”建设的缩影。以下以浙江省推出的“最多跑一次”改革、行政裁量基准改革、行政诉讼管辖制度改革和行政复议体制改革四项具有代表性的法治举措为例，管窥法治一体建设地方与中央之间的互动关系。

浙江省的“最多跑一次”改革始于2016年12月，是浙江省委、省政府深入贯彻习近平总书记“以人民为中心的发展思想”的重大制度安排。“最多跑一次”改革坚持“放管服”并重，着力于实现放、管、服三个环节的有机衔接，是一场集简政放权、制度创新、政务协同、流程优化、技术革新和法治保障为一体的政府自身革新。“最多跑一次”改革上接中央“放管服”改革和优化营商环境的部署要求，下承解决人民群众办事难的痛点和堵点，迅速赢得了全社会的广泛好评。2018 年 5 月，中共中央办公厅、国务院办公厅印发的《关于深入推进审批服务便民化的指导意见》，将浙江省“最多跑一次”改革作为第一项经验做法向全国复制推广；2018 年 10 月，“最多跑一次”改革获得第五届“中国法治政府奖”。[①]2018 年 11 月，我国“放管服”领域改革的首部综合性地方法规《浙江省保障“最多跑一次”改革规定》正式通过，率先在我国省级层面为“最多跑一次”改革提供制度样本；2019 年 10 月，国务院正式通过《优化营商环境条例》，浙江省“最多跑一次”改革的许多做法被吸收采纳。

浙江省金华市的行政裁量基准改革始于 2003 年 4 月，是处在行政执法第一线的基层部门在微观行政执法领域的经验总结和实践创造。金华市的裁量基准改革经由基层公安局到市公安局再到市政府的层层演进，契合了基层行政执法抵御人情关系干扰的现实需要和人民群众对行政执法公正的热切呼唤。2004 年 2 月，金华市公安局在全国率先推出《关于推行行政处罚自由裁量基准制度的意见》；2005 年 8 月，《治安管理处罚法》吸收了金华市公安局创造的分格分档裁量控制技术；2006 年，金华市在全市范围内全面推行行政裁量基准制度，随后在全国各地各个领域迅速推开，一度形成了轰轰烈烈的“裁量基准运动”。[②]2015 年 4 月，规范行政处罚裁量基准的省级政府规章《浙江省行政处罚裁量基准办法》正式通过；2015 年《纲要》提出“建立健全行政裁量权基准制度，细化、量化行政裁量基准，规范裁量范围、种类、幅度”；2016 年 8 月，公安部出台《关于实施公安行政处罚裁量基准制度的指导意见》，源自金华市公安局“自下而上”与“实践先行”的裁量基准改革得以

① 中国政法大学法治政府研究院：《中国法治政府奖集萃（第五届）》，社会科学文献出版社 2018 年版，第 1—10 页。

② 章志远：《行政法学总论》，北京大学出版社 2014 年版，第 290 页。

在全国范围内开花结果。[①]

浙江省的行政诉讼管辖制度改革分为两个阶段，台州市的“异地交叉管辖”改革始于2002年，丽水市的“相对集中管辖”改革始于2006年。为了减少行政审判工作受到的外在干预，浙江省台州市中级人民法院首倡异地交叉管辖改革，将大量有管辖权的基层法院不适宜审理的行政案件通过中级人民法院的指定方式，交由本辖区内异地基层法院审判，取得了显著的成效，并逐渐在浙江省其他地区推开。自2002年7月至2005年12月，该市基层法院共审结一审异地管辖案件447件，其中被告败诉158件，败诉率达35.35%，为同期审结的非异地管辖案件的2.5倍，行政审判公信力明显增强。[②]2008年1月，最高人民法院发布《关于行政案件管辖若干问题的规定》，吸收了台州改革经验，确立了“以指定异地法院管辖为主，尽可能将行政争议化解在基层”的原则。2007年9月，为解决行政审判的公正和效率问题，浙江省丽水市中级人民法院进一步探索行政诉讼相对集中指定管辖改革，取得了良好的审判质效。在2008年集中指定管辖的56件案件中，被告败诉20件，败诉率达35.7%，远远高于全市一审行政案件被告的败诉率。[③]2013年1月，最高人民法院下发《关于开展行政案件相对集中管辖试点工作的通知》，决定推广丽水经验，在部分中级人民法院辖区内开展行政案件相对集中管辖试点工作。源自浙江的行政诉讼管辖制度改革进一步为2014年修订的《行政诉讼法》所吸收，全国范围内普遍开展了行政案件集中管辖和跨行政区域管辖改革试点工作。

浙江省的行政复议局模式改革始于2015年9月，是进一步激发行政复议解决行政争议主渠道功能的创举。义乌市行政复议局是全国首个具有实体意义的行政复议局，担负着整合行政复议职能、集中行政复议职权、提

① 周佑勇、钱卿：《裁量基准在中国的本土实践——浙江金华行政处罚裁量基准调查研究》，载《东南大学学报》2010年第4期。

② 浙江省高级人民法院：《推动制度创新，树立司法权威》，载最高人民法院行政审判庭编：《行政执法与行政审判参考》2007年第2集。

③ 叶赞平、刘家库：《行政诉讼集中管辖制度的实证分析》，载《浙江大学学报》2011年第1期。

升行政复议公信力的使命。2016年，义乌市行政复议局收到行政复议申请703件，较2015年同期增长234%，矛盾纠纷由信访、行政诉讼向行政复议渠道流入的趋势十分明显。[①]2016年7月，浙江省行政复议局挂牌成立；2017年6月，浙江省人民政府发布《关于深化行政复议体制改革的意见》，明确提出全省行政复议体制改革的时间表和路线图；2017年12月，台州市行政复议局挂牌成立，成为浙江省内首家挂牌运行的设区市行政复议局。如今，源自浙江的"实行一级政府只设一个行政复议机构"的改革理念已获得更多地区的认同。

二十年来"法治浙江"的大胆实践，已经成为"法治中国"的局部预演。"最多跑一次"改革的迅速成功，行政执法裁量基准改革的推广，行政诉讼相对集中管辖改革的扩大，行政复议局改革的愿景，都彰显了浙江省在法治一体建设过程中的"领跑者"地位。"法治浙江"区域自主探索之所以能够频频赢得中央认可，取决于三个方面的关键因素：一是"浙江精神"的文化支撑。一方水土，孕育一方精神气质。浙江人的精神气质就是求真务实、诚信和谐、开放图强——"与时俱进的浙江精神"。[②]正是得益于浙江精神的长期滋养，浙江省上上下下才能励精图治、开拓创新，在经济社会文化和法治一体建设方面干在实处、走在前列、勇立潮头。二是法治痛点的精准把握。无论是加强放管服改革、优化营商环境的"最多跑一次"改革，还是回应行政执法公正社会呼唤的裁量基准改革，抑或公正化解行政争议的诉讼管辖改革和复议体制改革，浙江法治改革创新的秘诀就在于对现实痛点的精准把握，进而能够迅速赢得中央层面的关注。三是改革举措的显著成效。浙江的自主探索型创新试验来自基层实践，取得成效后经由省级相应立法进行固化推广，为在全国范围内适用提供了范本。"法治浙江"区域自主探索的丰富实践，为地方试验型法治一体建设模式的生长提供了可靠样本。

---

① 中国政法大学法治政府研究院：《中国法治政府奖集萃（第一至四届）》，社会科学文献出版社2018年版，第242页。

② 习近平：《与时俱进的浙江精神》，载《浙江日报》2006年2月5日。

（二）“边缘创新”地方主动求变的影响

中国法治建设的复杂性和艰巨性决定了地方多点试验和边缘创新的必要性。这些源自地方自发形成的改革举措，经过实践检验逐步获得高层认可，进而在更大范围内得到适用，对本土行政法治理念的形塑发挥了重要作用。以下仅以行政机关负责人出庭应诉和行政审判白皮书的兴起为例，从另外一个侧面揭示法治一体建设进程中央地之间的有效互动。

行政机关负责人是否需要出庭应诉，原本是一个微不足道的微观技术问题，1989 年《行政诉讼法》并未作出规定。然而，自 2004 年以来，地方不断兴起的要求行政机关负责人出庭应诉的“创举”，逐渐为国务院和最高人民法院所认可，成为加快法治政府建设和优化行政审判环境的重要抓手。特别是江苏“海安样本”的兴起，引起了最高人民法院的极大关注，甚至被列为改革开放四十年来中国行政法发展的“大事”之一。[①] 在各方合力的推动之下，行政机关负责人出庭应诉比例不断提高、实效逐渐增强，最终被 2014 年修订的《行政诉讼法》明确认可，成为具有鲜明中国特色的正式法律制度。至 2018 年，获评第五届“中国法治政府奖提名奖”的“武汉市行政机关负责人出庭应诉”项目，仍然被视为“助推法治政府法治社会一体建设的重要抓手”。[②]

作为人民法院展示自身行政审判工作的载体和助推依法行政的平台，行政审判白皮书完全是一项经由地方先行试验、得到最高人民法院认可后正逐步向全国范围内推广的本土司法探索。自 2004 年上海市高级人民法院在国内首次发布行政审判白皮书以来，该项工作已经成为上海法院系统历年行政审判的“重头戏”。2009 年 1 月，最高人民法院下发了《关于在全国法院开展行政审判“白皮书”活动的通知》，并将浙江省高级人民法院的“白皮书”

---

① 何海波等：《法治的脚步声——中国行政法大事记（1978—2014）》，中国政法大学出版社 2015 年版，第 214—215 页。

② 中国政法大学法治政府研究院：《中国法治政府奖集萃（第五届）》，社会科学文献出版社 2018 年版，第 248 页。

转发各地参考。十年来，人民法院行政审判白皮书发布工作发展迅猛，逐步定型，已经在白皮书内容、形式和范围上形成了较为稳定的模式。[①]2016年7月，最高人民法院下发了《关于行政诉讼应诉若干问题的通知》，明确提出“人民法院可以通过白皮书形式，及时就本地区行政机关出庭应诉工作和依法行政考核指标的实施情况、运行成效等向行政机关作出反馈、评价”，标志着行政审判白皮书发布进一步获得了最高人民法院的首肯，为其系统化、规范化和制度化奠定了基础。

追寻行政机关负责人出庭应诉和行政审判白皮书的试验创新历程，之所以能够以边缘身份获得普遍认可，成为令人瞩目的本土司法现象，其秘诀就在于两个方面：一方面，地方主动求变的策略与中央优化行政审判环境、倡导源头社会治理的目标高度契合。面对行政审判难的法治瓶颈，如何运用中国智慧加以有效化解始终是高层关注的议题。地处长三角的江苏和上海，原本就是国内行政审判的高地，行政机关负责人出庭应诉和行政审判白皮书的推行貌似“不务正业”，实则蕴含着延伸人民法院服务功能、主动参与社会治理的大智慧，体现了中国行政审判制度鲜明的本土特色。另一方面，地方边缘创新的实践与区域行政审判特点高度契合。我国行政审判工作面临发展不均衡的现实矛盾，特别是在局部经济发达地区，发展诉求、政府强势对传统的封闭对抗型行政审判模式形成了很大挑战，如何通过府院之间的有效互动构建新型的开放合作型行政审判模式，是地方和中央、司法机关和行政机关共同的关切。行政机关负责人出庭应诉和行政审判白皮书的地方试验，正是抓住了“互动”和“双赢”的关键，才能够在更大范围内得以推广适用，为地方试验型法治一体建设模式的生长提供了别样样本。

（三）“试点创新”指令地方探索的效应

如果说上述法治浙江实践和江苏行政机关负责人出庭应诉实践、上海行政审判白皮书实践都是一种地方主动求变模式，那么对法治一体建设助力甚

① 章志远:《我国行政审判白皮书研究》，载《行政法学研究》2018年第4期。

大的行政公益诉讼与监察体制改革则是中央指令地方探索的另一模式。前者发端于地方，经中央认可后在更大范围内得到推广，有的还成为国家正式的法律制度；后者发端于中央，在地方成功试点后经由立法固化而定型。这两种法治一体建设的不同进路都展示了地方与中央之间的密切互动，中国特色的地方试验型法治生长模式开始初现。

《全面依法治国决定》明确提出“探索建立检察机关提起公益诉讼制度”的任务。在中央全面深化改革领导小组、全国人大常委会的大力推动和最高人民法院、最高人民检察院的精心部署下，北京等 13 个省、自治区、直辖市检察机关提起公益诉讼的试点工作取得了积极成效。在两年试点期间内，各试点地区检察机关在生态环境和资源保护、食品药品安全、国有资产保护、国有土地使用权出让等领域，共办理公益诉讼案件 9053 件，包括诉前程序案件 7903 件、提起诉讼案件 1150 件。其中，行政公益诉讼案件 8709 件，包括诉前程序案件 7676 件、提起诉讼案件 1031 件，占据了压倒性多数。[①]2017 年 6 月，十二届全国人大常委会第二十八次会议作出了修改《民事诉讼法》和《行政诉讼法》的决定，检察机关提起公益诉讼制度正式“入法”成为我国重要的诉讼法律制度，标志着具有中国特色的公益司法保护制度落地生根，为新时代检察机关的涅槃重生提供了重要契机。

深化国家监察体制改革是以习近平同志为核心的党中央作出的事关当代中国命运的一项重大政治体制改革，是强化党和国家自我监督的重大决策部署。2016 年 12 月，十二届全国人大常委会第二十五次会议通过了《关于在北京市、山西省、浙江省开展国家监察体制改革试点工作的决定》。经过一年多时间的实践，国家监察体制改革在试点地区迈开了坚实步伐，形成了一批可复制、可推广的先进经验。党的十九大对深化国家监察体制改革进一步作出战略部署。2017 年 10 月，十二届全国人大常委会第三十次会议通过了《关于在全国各地推开国家监察体制改革试点工作的决定》。2018 年 3 月，十三届全国人大常委会第一次会议通过了《宪法修正案》，明确了国家监察

① 戴哲哲:《检察机关提起公益诉讼制度全面实施》，载《人民日报》2017 年 7 月 3 日。

委员会的宪法地位；通过了《中华人民共和国监察法》，最终完成了监察体制改革的法治化。一年多反腐败的成功实践表明，监察体制改革的制度优势正在转化为治理效能，将在全面从严治党、全面依法治国的征程中发挥越来越重要的作用。

与地方主动求变所不同的是，检察机关提起行政公益诉讼和监察委员会专门行使国家监察职能，都是党中央和习近平总书记亲自部署的重大改革举措，是国家治理体系和治理能力现代化的重要内容，体现了中央主动指令地方探索的决心。这两项改革涉及国家机关之间权力关系的重大调整，必须由中央层面统一部署后才能交由地方进行有序试点。由于党中央的周密部署，试点地区能够在相对较短的时间内形成有益的试点经验，为国家及时立法正式确认提供了充分的实践支撑，构成了地方试验型法治一体建设模式的特殊样本。

按照制度经济学的理论，诱致性制度变迁指的是一群（个）人在响应由制度不均衡引致的获利机会时所进行的自发性变迁；强制性制度变迁指的是由政府法令引起的变迁。[①] 如果说改革开放之前的经济社会发展主要是依靠政治精英主导设计，那么改革开放之后的经济社会发展则更多表现出对民间社会首创精神的尊重。特别是在建设社会主义法治国家的进程中，一方面，中央通盘考虑及时做好顶层设计进行战略部署，引领全国范围内的法治建设不断迈上新的台阶；另一方面，地方在坚持法制统一性原则的基础上大胆进行改革创新，为中央顶层设计提供源源不断的样本原料。进入二十一世纪之后，特别是法治一体建设目标提出以来，一种超越自上而下强制性制度变迁模式和自下而上诱致性制度变迁模式的新范式开始呈现。这种地方试验型模式吸收了强制性制度变迁和诱致性制度变迁的优点，既坚持党中央集中统一领导和整齐划一的顶层设计，又鼓励和尊重地方的首创精神和大胆试验，是我国单一制国家结构形式下推进法治一体建设的有益经验。就此意义而言，

① 林毅夫：《关于制度变迁的经济学理论：诱致性变迁与强制性变迁》，载［美］R. 科斯等：《财产权利与制度变迁》，刘守英等译，三联书店 1994 年版，第 374 页。

上文所考察的八项微观制度改革，无论是法治浙江的自主创新、其他地区的边缘创新还是中央遴选的试点创新，都体现了中央与地方在法治一体建设上的有效互动。实践表明，中国特色的地方试验型法治建构模式体现了坚持党中央对法治建设的领导和发挥地方积极性主动性的有机统一，完全契合中国特色社会主义法治体系建构的现实需要。

二、地方试验型模式的运作逻辑

作为一种极具中国本土特色的地方试验型法治一体建设模式，“自下而上”与“自上而下”相结合、“坚持党的领导”和“坚持以人民为中心”的辩证统一是其内在的基本特质。一方面，这一法治建设模式的动力源来自中央和地方两个层面，较好地兼顾了央地两个层面的积极性，走出了长期以来“一统就死”“一放就乱”的封闭循环；另一方面，这一法治建设模式的指示器包括中央权威和群众首创的双重尊重，体现了中国特色社会主义法治建设事业坚持“党的领导”和“以人民为中心”的有机统一。在我国单一制的国家结构形式下，地方试验型法治一体建设模式充分调动和激发了地方的创新活力，通过先行先试累积经验后得以全面铺开，与国家治理体系和治理能力现代化的愿景完全契合。

就地方试验型法治一体建设模式的运作逻辑而言，大体上都遵循了“地方试验——中央认可——稳步推广——法治固化”的基本顺序，彰显了民主集中制原则下法治国家、法治政府、法治社会一体建设的特殊路径。从以往的实践经验来看，地方试验是前提和基础，试验效果的好坏、试验时间的长短、试验本身对合法性原则的恪守与否，都可能成为地方试验能否在更广空间范围内得到推广适用的基本条件；中央认可则是根本和关键，只有得到中央层面的默许和肯定，地方试验才有可能升格为全局性的制度创新；稳步推广是重心和方向，通过中央层面的政策性文件或相对低位阶的法律规范作为实施依托已成惯例；法治固化则是目标和归宿，在局部试点和全面推开取得实际成效的基础上，以法律形式正式确认试点经验是根本之策，也是对“重大改革必须于法有据”[①]政治承诺的积极兑现。

（一）地方试验型模式的基础

作为地方试验型法治建构模式的起点，“地方试验”存在“主动型试验”（地方自主进行探索）和“被动型试验”（中央指令地方探索）两种形态，前者如旨在提升领导干部法治思维的行政机关负责人出庭应诉制度，后者如旨在实现良好社会治理的行政公益诉讼制度。相比之下，主动型的地方试验往往具有时间长、耐性好等优点，能够形成公认的“样板”。以行政机关负责人出庭应诉制度的试验为例，虽然最早的规范性文件出现在陕西合阳，但江苏海安却后来居上，经过七年常抓不懈的努力最终成为远近闻名的改革样本，并得以在全国范围内进行推广。在海安制度改革成功的背后，区域整体法治环境的优越、主事机关的担当作为是其脱颖而出的关键因素。[②]被动型的地方试验时间相对较短，更多地体现了中央层面在特定领域厉行法治的意志和决心。以行政公益诉讼制度和监察体制改革为例，从中央决定在部分地区试点到法律明确予以成文规定不过两年时间，体现出中央对相关领域法治改革的周密部署和坚定自信。当然，即便是中央指令式的被动型试验，承担地区本身所具有的各种优势也是显而易见的，这也为制度创新试验的快速推进和最终成功奠定了基础。在这种地方“越有为就越有位”“越有位就越有为”的竞争态势之下，地方试验型模式就有了更为广阔的生长空间。2019年

---

① 习近平总书记指出：“凡属重大改革要于法有据，需要修改法律的可以先修改法律，先立后破，有序进行。有的重要改革举措，需要得到法律授权的，要按法律程序进行。”参见《习近平关于全面依法治国论述摘编》，中央文献出版社2015年版，第45—46页。

② “海安样本”的崛起与江苏省及南通市整体较高的行政法治水准是密不可分的，也与媒体不遗余力的宣传造势息息相关。2011年5月16日，江苏省依法治省领导小组办公室、江苏省高级人民法院共同主办“推进行政机关负责人行政诉讼出庭应诉工作现场会”，来自最高人民法院、原国务院法制办的领导，东南大学、河海大学、苏州大学等法学院校的专家学者以及浙江、山东、甘肃、湖南、重庆、成都、深圳等省市党委、政府和法院的100多名代表汇聚江苏海安，现场观摩，听取海安县政府、海安县人民法院的经验介绍，共同交流研讨推进行政机关负责人行政诉讼出庭应诉工作的理论和实践问题。参见张宽明：《江必新在推进行政机关负责人出庭应诉工作现场会上强调 大力弘扬社会主义法治精神积极推进负责人出庭应诉》，载《人民法院报》2011年5月17日。

8月，中共中央、国务院正式发布《关于支持深圳建设中国特色社会主义先行示范区的意见》，提出深圳建设先行示范区三个阶段的发展目标和包括“率先营造彰显公平正义的民主法治环境”在内的五大发展任务。这一战略举措既为深圳大胆创新法治一体建设提供了充分保障，也是深圳长期改革积累和主动谋划的区域优势地位使然。2019年12月，《深圳建设中国特色社会主义先行示范区的行动方案（2019—2025年）》正式印发，其生动实践必将成为我国地方试验型法治一体建设模式的又一有力注脚。

（二）地方试验型模式的关键

作为地方试验型法治建构模式的关键，“中央认可”是地方法治试验能否获得全面推开的必备要素。一般来说，主动型的地方试验要想赢得中央的认可，必须同时符合“天时地利人和”的要求。一方面，试验地区的党政领导要高度重视，试验成果本身要合法、专业、科学；另一方面，试验项目还要主动对接国家战略急需，能够对相关领域的改革起到真正的示范引领作用。以正在兴起的浙江全省范围内的行政复议局改革为例，之所以能够快速推进，既源于国家层面对行政复议制度在新时代行政争议化解中应有地位和作用的日益重视，也与试点本身发挥出比传统的行政复议委员会审理模式更佳效果密切相关。2006年9月，中共中央办公厅、国务院办公厅联合下发《关于预防和化解行政争议健全行政争议解决机制的意见》，明确提出要积极探索符合行政复议工作特点的机制和方法，努力把行政争议主要化解在基层、化解在初发阶段、化解在行政系统内部。2008年10月，原国务院法制办下发《关于在部分省、直辖市开展行政复议委员会试点工作的通知》，确定北京、广东等8个省、直辖市为行政复议委员会试点单位。十年来，相对于类似“输血”功能的行政复议委员会模式而言，行政复议局则更具“造血”功能，对于社会法律资源较为稀缺的中西部基层地区更具有推广价值。在2018年举行的“第四届中国法治政府奖”评选活动中，浙江省义乌市人民政府行政复议局申报的“设立实体复议机构行政复议局”的行政复议体制改革项目因清晰的改革思路、有力的改革举措、显著的改革成效获得提名奖。除了领导高度重视、舆论持续宣传外，“行政复议解决行政争议主渠道功能进一步显现”是其最终胜出的关键。[①]

（三）地方试验型模式的重心

作为地方试验型法治建构模式的重心，“稳步推广”是法律制度创新和定型的根本。从以往的法治创新实践来看，依托权威性政策文件和相对低位阶的法律规范是其内在的二元规范依据。无论是哪种具体的规范表现形态，都体现出中央层面的支持立场。以行政机关负责人出庭应诉改革经验的推广为例，在作为一项正式制度写入《行政诉讼法》之前，国务院和最高人民法院的权威性政策文件已经分别予以明确认可，从而营造出浓郁的实施氛围。又如，行政诉讼异地交叉管辖和相对集中管辖的浙江模式率先取得成功之后，最高人民法院相继于2008年、2013年出台专项司法解释和司法文件加以认可，使其能够在更大范围内得到推广适用，进而为最终入法奠定了坚实基础。近年来，随着党中央对法治一体建设的高度重视，加强党对法治建设工作的领导比以往任何时候更为凸显，越来越多的纲领性党政联合发文成为推进法治一体建设的重要依据，2021年《纲要》和中共中央办公厅、国务院办公厅联合下发的《关于推行法律顾问制度和公职律师公司律师制度的意见》《党政主要负责人履行推进法治建设第一责任人职责规定》《关于进一步把社会主义核心价值观融入法治建设的指导意见》《法治政府建设与责任落实督察工作规定》就是典型例证。从某种意义上来说，地方试验型法治一体建设模式也是中国特色社会主义法治体系运行的真实写照。

（四）地方试验型模式的归宿

作为地方试验型法治建构模式的目标，“法治固化”是制度演进的最终归宿，是对改革和法治“双轮驱动”时代二者辩证关系的精准适用。作为富有中

---

① 中国政法大学法治政府研究院：《中国法治政府奖集萃（第一至四届）》，社会科学文献出版社2018年版，第248页。

国特色的“摸着石头过河”式改革创新试验，要想从根本上取得普适性的实效，还必须通过法治固化完成最终的顶层设计，提高改革决策的科学性、增强改革措施的协调性、夯实改革推行的系统性。习近平总书记指出，科学立法是处理改革和法治关系的重要环节。[①]要实现立法和改革决策相衔接，做到重大改革于法有据、立法主动适应改革发展需要。在研究改革方案和改革措施时，要同步考虑改革涉及的立法问题，及时提出立法需求和立法建议。实践条件还不成熟、需要先行先试的，要按照法定程序作出授权。对不适应改革要求的法律法规，要及时修改和废止。要加强法律解释工作，及时明确法律规定含义和适用法律依据。[②]以中央指令部分地区试行公益诉讼制度和监察体制改革为例，在做好试点方案的初步顶层设计和试点地区经验总结的基础上，国家层面的修法和立法工作随即展开，从而一揽子解决了改革创新的法律依据问题。对于前文提及的其他正处于试点推广阶段的行政复议局和行政裁量基准改革创新举措而言，近期必须抓住修改《行政复议法》的契机，最终完成相关改革成果的法律化。当然，从长远来看，作为基本建成法治政府的规范指引，通过制定行政法总则开启中国特色行政法法典化道路应当成为未来行政法治的“一号”任务。[③]唯其如此，法治一体建设地方试验型模式的运作才能获得根本保障。

三、地方试验型模式的创新驱动

从法治一体建设地方试验型模式的运作上看，地方改革创新试验是漫长征程的“首站”。离开了地方创新试验尤其是主动探索型的试验，所谓的一体建设和地方试验都将沦为空谈。以本文所考察的六项地方自主探索型试验为例，起因都源于地方的自我加压和使命担当。例如，2015 年 8 月，浙江省义乌市在全国率先成立首个县级市行政复议局，改革的直接背景就在于当地

① 《习近平主持召开中央全面深化改革领导小组第六次会议强调 学习贯彻党的十八届四中全会精神 运用法治思维和法治方式推进改革》，载《光明日报》2014 年 10 月 28 日，第 1 版。

② 《习近平关于全面依法治国论述摘编》，中央文献出版社 2015 年版，第 51 页。

③ 章志远：《中国特色行政法法典化的模式选择》，载《法学》2018 年第 9 期。

越来越严峻的复议工作形势。[①]又如，行政机关负责人出庭应诉制度之所以能够从边缘走向中心，形成全国独一无二的海安现象，就在于行政机关能够主动接受人民法院监督、自觉规范行政执法行为。[②]为此，如何从体制机制上激发地方改革创新的热情和动力，就成为法治一体建设地方试验型模式生长的重要前提和支撑。只有通过正向激励和反向豁免机制的建立健全，才能彻底打消地方法治创新存在的顾虑、激活地方法治创新的动能。对于地方主动探索型试验而言，这些体制机制的保障尤为重要。至于中央指令地方的探索型试验，还需要把握好试点地区的遴选标准，使得最重要的国家改革试点任务能够与最具实力基础的地区相匹配。

回望党的十八大以来党和国家所走过的不平凡发展道路，在“四个全面”战略布局的引领之下，一系列鼓励地方法治改革创新的举措不断推出，释放出巨大的改革创新红利，为法治一体建设地方试验型模式的生长提供了良好的外部环境。特别是党的十九届三中全会通过的《关于深化党和国家机构改革的决定》和《深化党和国家机构改革方案》，进一步加强了党中央对法治中国建设的集中统一领导，组建作为党中央决策议事协调机构的中央全面依法治国委员会，负责全面依法治国的顶层设计、总体布局、统筹协调、整体推进、督促落实。2019 年 4 月，中共中央办公厅、国务院办公厅印发了《法治政府建设与责任落实督察工作规定》，强调要“坚持问题导向、真督实察、逐层传导、强化问责，努力形成从党政主要负责人到其他领导干部直至全体党政机关工作人员的闭环责任体系”，保证党中央、国务院关于法治政府建设的决策部署落到实处，不断把法治政府建设向纵深推进；2019 年 5 月，中

① 2011 年以前义乌市政府年均收到复议申请 40 件左右，2012 年、2013 年两年年均增长到 60 件，2014 年则收到行政复议案件 141 件，逐步超过了同级法院同期收案数。同时，上级对复议案件的审理程序要求进一步严格和规范，明确要求复议机关办理的 50% 以上复议案件必须采用公开听证的方式审理。在这种情况下，复议体制必须加以调整。参见中国政法大学法治政府研究院：《中国法治政府奖集萃（第一至四届）》，社会科学文献出版社 2018 年版，第 240 页。

② 2004 年以来，三任海安县县长章树山、单晓鸣、陆卫东七年间连续推行行政机关负责人出庭应诉制度，单晓鸣还因此荣获“2012 影响中国之年度法治人物”称号。参见陈向东、顾建兵：《“海安现象”促进依法行政 单晓鸣当选“2012 影响中国之年度法治人物”》，载《人民法院报》2012 年 12 月 20 日。

央全面依法治国委员会办公室印发了《关于开展法治政府建设示范创建活动的意见》(以下简称《示范创建意见》),明确指出开展法治政府建设示范创建活动,是深入贯彻落实党中央、国务院关于法治政府建设决策部署,不断把法治政府建设向纵深推进的“重要抓手”,对各地区各部门找差距、补短板、激发内生动力具有重要的引领、带动作用。《示范创建意见》将“以创建促提升”“以示范带发展”“以点带面、辐射全国”和“为基本建成法治政府提供典型引领”“为建设社会主义法治国家作出积极探索”作为法治政府示范创建活动的指导思想,以“鼓励大胆探索、先行先试”“坚持改革引领”“着力实现示范创建与深化改革的有效衔接”作为法治政府示范创建活动的基本原则。

从党和国家的权威性文件及党内法规的规定来看,这些极具中国本土特色的创新驱动保障机制,将“关键少数”的领导干部纳入重点激励对象,通过鼓励创新和容错纠错机制的并用,有望最大限度地激发地方的改革创新热情,进而如愿实现法治一体建设的近期和远期目标。2019 年 12 月,中央全面依法治国委员会办公室部署开展对云南、甘肃等八省份法治政府建设实地督察工作,从被督察省份党政主要负责人亲自汇报所在省份情况来看,法治政府督察手段的压力传导功能、全面体检功能初步显现。同时,中央全面依法治国委员会办公室正在启动全国首批法治政府建设示范创建评估认定工作,从评估认定本身开展和各地申报情况来看,示范创建活动业已有序铺开。这些法治一体建设创新驱动保障机制的合力作用,将促成“法治政府建设应当率先取得突破”的目标早日实现。

在全面依法治国的进程中,党内法规同国家法律的衔接和协调是关乎社会主义法治体系构建的重大问题。就鼓励地方改革创新试验的法律依据而言,尚未形成与党内法规相互匹配、密切协调的局面。总体来看,地方改革创新试验的激励性法律依据并不充分。《立法法》第十三条规定:“全国人民代表大会及其常务委员会可以根据改革发展的需要,决定就行政管理等领域的特定事项授权在一定期限内在部分地方暂时调整或者暂时停止适用法律的部分规定。”《行政许可法》第二十一条规定:“省、自治区、直辖市人民政府对行政法规设定的有关经济事务的行政许可，根据本行政区域经济和社会发展情况，认为通过本法第十三条所列方式能够解决的，报国务院批准后，可以在本行政区域内停止实施该行政许可。”这两条规定是目前地方先行先试最直接的法律依据，还需要得到进一步充实和细化，即地方可以“暂调或者暂停部分法律的适用”“停止行政许可实施”，还远未达到鼓励地方积极创新的程度。有学者主张通过“取消对全国人大特别授权立法授权对象的限制”“明确规定地方立法主体可以授权其他机关进行立法”“扩大具体授权的适用范围”为地方改革创新包括制度突破提供更为广阔的空间；[①]有学者则从法理角度将行政改革试验授权定位为具有独立法律地位的“介于立法授权与行政授权之间的一种新型授权制度”，主张从行为程序、行为形式及行为内容三个方面筑起应有的法律界限。[②]从法治一体建设地方试验型模式的实际运作上来看，授权扩大及其限制的学术主张更多体现在后续的稳步推广阶段，而地方自主探索型试验激励机制的法律化、明确化则更为重要。就法治一体建设的痛点而言，必须着眼于地方自主探索型试验的正向鼓励。为此，建议通过《行政法总则》“创新保障性条款”的设置，鼓励坚守法治思维和底线思维基础上的法治政府示范创建活动，使地方试验型模式的创新驱动保障机制得以法律化。[③]

四、地方试验型模式的评估助推

从法治一体建设地方试验型模式的运作上来看，中央认可是地方试验能否在更大范围内推广适用、能否成为国家正式法律制度的关键环节。建构科学而精准的试验评估体系就成为地方试验型模式生长的另一重要助推机制。

中央全面依法治国委员会办公室《示范创建意见》的颁行，为地方试验

① 马怀德主编：《行政法前沿问题研究》，中国政法大学出版社 2018 年版，第 47—48 页。

② 杨登峰：《行政改革试验授权制度的法理分析》，载《中国社会科学》2018 年第 9 期。

③ 章志远：《行政法总则行政保障篇起草的基本遵循》，载《江淮论坛》2019 年第 2 期。

型模式的评估助推提供了绝佳的“制度平台”。《示范创建意见》绘制了一幅鼓励试点创新、发挥示范引领、促进协同推进的蓝图，集合了中央和地方、官方与民间的各种有利资源和手段，对全面推进依法治国战略的顺利实现具有里程碑的意义。《示范创建意见》颁行本身就是法治一体建设地方试验型模式的生动写照，必将进一步激发全国各地的法治创新试验热情。《示范创建意见》附随的“市县法治政府建设示范指标体系”本身就是法治政府建设长期实践的重大成果，既是中央全面依法治国委员会办公室开展示范创建活动的评估标准，也是全国各地建设法治政府的具体指引。特别是第九项“附加项”中的“加分项目”，体现了对地方法治试验创新的极大尊重。该项指标体系中的具体标准全面、客观，加上 2021 年《纲要》所摹绘的法治政府“路线图”，完全可以在动态调整优化的基础上作为中央评估地方创新试验成效的基本标准。

2021 年《纲要》明确提出“加强中国特色社会主义法治政府理论研究”的任务。历经四十年的发展，我国行政法学理论研究和人才培养都取得了显著进展，完全能够也应该反哺法治政府建设实践发展。《示范创建意见》对法治政府建设示范地区评估认定活动设置了“第三方评估”程序，借此发挥行政法学理论界的参与和助推作用。事实上，中国法学会行政法学研究会依托会长所在单位的中国政法大学法治政府研究院，自 2010 年以来已经连续开展了五届“中国法治政府奖”评选活动，在业界产生了广泛而深远的影响，对法治一体建设地方型模式的生长起到了应有的推动作用。梳理其中的一些获奖项目，可以看出行政法学者心系法治政府建设实践、运用行政法学理论积极助推的身影。从 2019 年中央全面依法治国委员会办公室启动的首批法治政府建设示范创建评估认定工作进展情况来看，数百名行政法专家学者参与其中发挥了重要作用。实有必要建立官方与学界之间固定的良性互动机制，以更好地实现法治一体建设中地方与中央之间的互动。

作为主体工程的法治政府建设和基础工程的法治社会建设，在法治国家建设征程中犹如“车之两轮”“鸟之两翼”，必须统筹推进、协调发展。除了既往那些较为成功且已成型的法律制度变革之外，对于一些还处于地方创新试验阶段或正在获得中央认可的改革举措，如何通过自身的进一步优化在全国范围内得到推广，都是行政法学理论界和实务界近期应该关注的话题。例如，一些地方和行业所推行的社会信用管理机制对于构建社会诚信体系、践行社会主义核心价值观发挥了重要作用，但作为社会信用体系核心的政务诚信却明显滞后。为此，必须站在法治政府与法治社会一体建设的高度，通过社会信用建设倒逼政务诚信改革，努力建成“守法诚信”的法治政府。又如，经由行政案件异地交叉管辖、相对集中管辖到跨行政区划管辖的制度变迁，铁路运输法院固定集中管辖行政案件渐成气候，加之2018年9月深圳行政审判中心的成立，预示着人民法院依法独立行使行政审判权的规范内涵不断得到充实，行政审判权在法治国家建设中的战略定位更加凸显。如何进一步凝聚改革共识，在国家层面推动行政审判体制改革迈出坚实步伐，都是行政法学理应当聚焦的重心。

相比较法治政府建设已经形成较为完备的指标体系而言，法治社会建设的指标体系尚付阙如。《全面依法治国决定》第五部分“增强全民法治观念，推进法治社会建设”首次提出了法治社会建设的四大任务——“推动全社会树立法治意识”“推进多层次多领域依法治理”“建设完备的法律服务体系”“健全依法维权和化解纠纷机制”；党的十九大报告第八部分“提高保障和改善民生水平，加强和创新社会治理”第（六）节则从体制和机制两个层面，提出了“打造共建共治共享的社会治理格局”的法治社会建设目标；党的十九届四中全会《决定》第九部分“坚持和完善共建共治共享的社会治理制度，保持社会稳定、维护国家安全”提出了创新社会治理的五大任务——“完善正确处理新形势下人民内部矛盾有效机制”“完善社会治安防控体系”“健全公共安全体制机制”“构建基层社会治理新格局”“完善国家安全体系”。个别学者还提出了“法治社会建设的目标指引”命题，并归纳为“引导公众有序参与社会治理”“维护良性的物质文化生活秩序”“调适基本公共服务资源的供求”“界定社会组织的适当行为空间”四个方面。[①] 参酌

① 陈柏峰:《中国法治社会的结构及其运行机制》，载《中国社会科学》2019年第1期。

法治政府建设指标体系和党中央纲领性文件要求，法治社会建设的一级指标可设计为“增强全社会法治观念”“健全社会领域制度规范”“切实保障公民权利”“推进社会治理法治化”“依法治理网络社会”，经济发达地区可通过法治社会建设规划等载体率先试行，为国家层面法治社会建设提供可复制、可推广的经验。

第十二章
党内法规制度实施具象论

一、党对全面依法治国的领导论

作为全面依法治国根本遵循和行动指南的习近平法治思想，根植于中国特色社会主义法治建设的伟大实践，是马克思主义法治理论中国化的最新成果。习近平法治思想内涵丰富、论述深刻、逻辑严密、系统完备，其中最为核心的要义就是坚持党对全面依法治国的领导。党的领导是中国特色社会主义最本质的特征，是社会主义法治最根本的保证。坚持中国特色社会主义法治道路，最根本的一条就是坚持中国共产党的领导。党的领导是社会主义法治区别于资本主义法治的本质特征，也是社会主义法治的政治方向和优势所在。深刻认识并坚持党对全面依法治国的领导的历史必然，不断健全党领导全面依法治国的制度机制，是当前和今后一段时间全国上下深入学习领会习近平法治思想的一项重要而紧迫的任务。

（一）坚持党领导全面依法治国的历史必然

把党的领导贯彻到依法治国的全过程和各方面，是我国社会主义法治建设的一条基本经验。我国《宪法》第一条明确规定，中国共产党领导是中国特色社会主义最本质的特征，从而以国家根本大法的形式明确了中国共产党的领导地位。坚持党的领导，是落实宪法的根本要求，也是依宪治国、依宪执政的根本任务。依法治国、建设社会主义法治国家是我们党提出来的，把依法治国上升为党领导人民治国理政的基本方略也是我们党提出来的，党一直带领人民在伟大的实践中不断推进依法治国。全面推进依法治国，要有利于加强和改善党的领导，有利于巩固党的执政地位、完成党的执政使命。始终坚持党的领导是中国特色社会主义法治之魂，也是全面推进依法治国的题中应有之义。离开了党的领导，中国特色社会主义法治建设就会失去正确的政治方向，社会主义法治国家就不可能真正建立起来。

坚持党对全面依法治国的领导，是维护最广大人民群众根本利益的充分体现。党政军民学，东西南北中，党是领导一切的。党的领导地位并不是自封的，而是人民的选择、历史的选择。一百年来，我们党始终将为中国人民谋幸福、为中华民族谋复兴作为自己的初心和使命，始终将人民对美好生活的向往作为自己的奋斗目标，始终将立党为公、执政为民作为自己的根本宗旨。坚持党的领导，就是要支持人民当家作主，实施好依法治国这个党领导人民治理国家的基本方略。党的领导与社会主义法治是完全统一的，只有坚持党的领导，人民当家作主才能够得以充分实现，国家和社会生活的制度化、法治化才能够有序推进，这是中国特色社会主义民主法治建设的基本规律和本质特征。

坚持党对全面依法治国的领导，是应对当前国际国内复杂环境和完成社会主义现代化建设任务的重要保障。中国共产党来自人民、植根人民，始终坚持一切为了人民、一切依靠人民，得到了最广大人民的衷心拥护和坚定支持，这是中国共产党领导力和执政力的深厚基础。中华人民共和国成立七十多年来，我们党领导人民创造了世所罕见的经济快速发展奇迹和社会长期稳定奇迹，中华民族迎来了从站起来、富起来再到强起来的伟大飞跃。党的十八大以来，我们党统筹推进“五位一体”总体布局，协调推进“四个全面”战略布局，坚持新发展理念，坚定不移推进改革开放，沉着应对各种外部风险挑战，统筹经济社会发展工作，决战脱贫攻坚、决胜全面建成小康社会取得决定性成就。历史再一次雄辩地证明，中国共产党是风雨来袭时中国人民最可靠的主心骨。面对当前错综复杂的国际形势、艰巨繁重的国内改革发展稳定任务，只有毫不动摇坚持党对全面依法治国的领导，才能将中国特色社会主义制度优势转化为治理效能，才能为开启全面建设社会主义现代化国家新征程奠定扎实基础。

（二）健全党领导全面依法治国的制度机制

全面依法治国必须始终坚持党总揽全局、协调各方的领导核心地位。党的十八大以来，以习近平同志为核心的党中央果断提出坚持和改善党的领导的重大政治要求，不断改革和完善坚持党的领导体制机制，着力提高党把方向、谋大局、定政策、促改革的能力和定力，增强了全党思想上的统一、政治上的团结和行动上的一致。坚持党对全面依法治国的领导并不是抽象的、空洞的口号式说教，而是具体的、生动的实践性要求，其中的首要之义就是把坚持党总揽全局、协调各方的领导核心地位落到实处。把党的主张通过法定程序上升为国家意志，把党组织推荐的人选通过法定程序成为国家政权机关的领导人员，通过国家政权机关实施党对国家和社会的领导，运用民主集中制原则维护中央权威、维护全党全国团结统一，这些都是党总揽全局、协调各方的生动实践。坚持依法治国和依规治党有机统一，坚持依法治国、依法执政、依法行政共同推进，坚持全国人大常委会、国务院、全国政协、最高人民法院、最高人民检察院党组定期向中央政治局常委会汇报工作的制度性安排，都是健全党领导全面依法治国的鲜活经验。

全面依法治国必须充分发挥中央全面依法治国委员会顶层设计、总体布局、统筹协调、整体推进和督促落实的作用。党的十九大之后，为加强党中央对法治中国建设的集中统一领导，健全党领导全面依法治国的制度和工作机制，更好地落实全面依法治国基本方略，党中央组建了全面依法治国委员会。作为党中央重要的决策议事协调机构，中央全面依法治国委员会具体负责全面依法治国的顶层设计、总体布局、统筹协调、整体推进、督促落实。中央全面依法治国委员会至今已经举行了三次会议，习近平总书记在三次会议上围绕全面依法治国新理念新思想新战略发表了一系列重要讲话，为习近平法治思想的正式提出奠定了基础。中央全面依法治国委员会办公室自 2019 年 7 月起，相继启动了法治政府建设与责任落实督察工作和法治政府建设示范创建活动，有力地推动了法治政府建设进程，促进了法治国家、法治政府和法治社会一体建设，形成了党领导全面依法治国的鲜活经验。

全面依法治国必须将党领导立法、保证执法、支持司法和带头守法落到实处。依法执政既要求党依据宪法法律治国理政，也要求党依据党内法规管党治党，必须将党领导立法、保证执法、支持司法、带头守法落到实处，使科学立法、严格执法、公正司法、全民守法得到系统谋划和整体推进。要进一步加强党对立法工作的领导，完善党对立法工作中重大问题决策的程序，确保立法始终反映党和国家事业发展的要求、体现社会主义核心价值观、回应人民群众的关切期待。要进一步加强党对法治政府建设工作的领导，积极支持和推动各级政府创新执法体制、完善执法程序、推进综合执法、严格执法责任，督促和保证行政机关严格规范公正文明执法。要进一步正确处理好坚持党的领导和确保政法机关独立公正行使职权之间的关系，为公正司法创造良好的制度环境和社会环境，切实支持司法机关依法独立公正行使司法权，努力让人民群众在每一个司法案件中感受到公平正义。要进一步要求党组织和党员特别是党员领导干部带头维护宪法法律尊严和权威，自觉在宪法法律范围内活动，不断提高运用法治思维和法治方式深化改革、推动发展、化解矛盾、维护稳定、应对风险的能力，做尊法学法守法用法的模范，引领全社会形成自觉的法治观念。

二、法治上海建设规划特色论

法治政府建设是全面依法治国的重点任务和主体工程，加强党内法规制度建设是全面从严治党的长远之策和根本之策。作为中华人民共和国成立以来第一个关于法治中国建设的专门规划，《法治中国规划》对法治政府建设和党内法规制度建设作出了一系列重要部署，是新时代继续推进法治政府建设和党内法规制度建设的路线图和施工图。作为全国改革开放排头兵和科学发展先行者的上海，自觉对标建设具有世界影响力的社会主义现代化国际大都市要求，贯彻落实《法治中国规划》并结合上海实际，及时制定了《上海法治政府建设规划（2021—2025 年）》（以下简称《法治上海规划》），为继续当好法治政府建设和党内法规制度建设排头兵提供了坚实的制度保障。

近年来，上海以为实施国家重大战略和国际化大都市中心工作提供法治保障为契机，以持续打造国际一流的法治化营商环境为抓手，在推进法治政府建设向纵深方向发展方面为全国贡献了一批可复制、可推广的重要经验。《法治上海规划》有关进一步加快法治政府建设的诸多举措，充分体现了“坚持从上海实际出发”“坚持科技赋能”的基本原则。在深化行政审批制度改革领域，上海将积极推进“一业一证”改革，率先建立行业综合许可和综合监管制度，深化“证照分离”“照后减证”改革，探索实践“一照多址、一证多址”“证照联办”。这些改革措施将进一步理顺政府与市场、政府与社会的关系，通过降低制度性成本不断提升市场主体的获得感、幸福感和安全感，使市场主体能够轻装上阵、激发活力、创造财富。在规范行政执法和提高行政监管能力方面，上海将打造智慧执法监督平台，建设行政执法综合管理监督信息系统，归集行政检查、行政处罚和行政强制全过程信息，实现对行政执法案件的全生命周期管理；将深化“互联网+监管”模式，积极推进社会共治，加快构建权责明确、公平公正、公开透明、简约高效的事中事后监管体系。这些改革举措能够积极应对新经济业态、新经营模式发展的现实需要，切实提升政府的监管能力，通过“有为政府”的塑造充分发挥“有效市场”的作用。在加快推进“互联网+政务服务”方面，上海将坚持“高效办成一件事”理念，持续推进“一网通办”建设，完善全方位政务服务体系，实现与市场主体和群众生产生活密切相关的服务事项全部接入，提高在线办理率、全程网办率，建设政务服务最优的“网购型”服务城市。这些改革举措将进一步实现科技、服务与法治的深度融合，促进法治政府建设事业取得高质量发展，努力让人民群众在每一项法律制度、每一个执法决定中都能够切实感受到公平正义。

作为中国共产党梦想启航之地，上海这座光荣的城市具有强大的红色基因，党的十八大以来在管党治党、全面从严治党方面同样取得了突出成就。《法治上海规划》有关强化党内法规制度建设的诸多举措，充分体现了“传承红色基因、践行初心使命”的国际化大都市气质。在健全党内法规制度方面，上海将及时制定落实中央党内法规制度的配套文件，加强党内法规制度工作规划和年度计划编制工作，完善党内法规制度和规范性文件备案审查工作制度，通过优化标准要求、工作流程和压实主体责任、强化纠错整改，切实维护党内法规制度体系的统一性和权威性。在强化党内法规制度实施方面，上海将加大党内法规制度普及教育培训力度，完善党内法规制度统一发布机制，真正提升党内法规执行力。在强化党内法规制度建设保障方面，上海将充分利用特殊的地缘优势和人才优势，鼓励支持相关研究机构开展高水平党内法规理论研究和咨政服务，将上海打造成为与党的诞生之地相匹配的党内法规理论研究高地，为坚定不移推进依规治党提供强有力的理论支撑和人才支撑。

《法治上海规划》既全面坚持和贯彻了“法治中国规划”的基本要求，又结合上海实际提出了一系列新的较高标准的要求。尤其是在法治政府建设和党内法规制度建设方面，上海已经站在新的历史起点和发展阶段，有责任有义务对标更高标准走在全国前列。作为“十四五”期间引领上海法治建设的纲领性文件，《法治上海规划》浸润着改革担当意识和争先创优精神，其贯彻落实必将进一步引领上海继续当好法治政府建设和党内法规制度建设的排头兵，为法治国家主体工程和法治体系重要部分的建设贡献更多的“上海智慧”“上海方案”。

三、全面从严治党主体责任原则论

党的十九大报告指出：“全面从严治党永远在路上。一个政党，一个政权，其前途命运取决于人心向背。人民群众反对什么、痛恨什么，我们就要坚决防范和纠正什么。”党章“总纲”将“坚持党要管党、全面从严治党”与“中国共产党领导全国各族人民实现两个一百年奋斗目标、实现中华民族伟大复兴的中国梦”紧密联系在一起，彰显出全面从严治党在当代中国历史发展进程中的特殊地位。《党委（党组）落实全面从严治党主体责任规定》（以下简称《主体责任规定》）的及时发布施行，是党中央健全全面从严治党责任制度的重要举措，能够推动全面从严治党事业继续向纵深发展。《主体责任规定》第四条明确了落实全面从严治党主体责任应当遵循的四项基本原则。其中，第三项所规定的“三管三严”原则（即“真管真严”“敢管敢严”“长管长严”原则）充分体现了全面从严治党的紧迫性、艰巨性和长期性，各级党委和党员领导干部对此“国之要者”要有清醒认识，对“三管三严”原则的内涵要义更要有准确理解。

（一）彰显全面从严治党紧迫性的“真管真严”原则

全面从严治党是党的十八大以来党中央抓党的建设的鲜明主题，是以习近平同志为核心的党中央基于世情、国情和党情新变化作出的战略选择，体现了中国共产党人深刻的忧患意识。习近平总书记在《全面贯彻落实党的十八大精神要突出抓好六个方面工作》中指出：“新形势下，我们党的自身建设面临一系列新情况新问题新挑战，落实党要管党、从严治党的任务比以往任何时候都更为繁重、更为紧迫。我们必须以更大的决心和勇气抓好党的自身建设，确保党在世界形势深刻变化的历史进程中始终走在时代前列，在应对国内外各种风险和考验的历史进程中始终成为全国人民的主心骨，在发展中国特色社会主义的历史进程中始终成为坚强的领导核心。”[①]回首党的十八大以来的这几年间，党和国家解决了许多长期想解决而没有解决的难题，办成了许多过去想办而没有办成的大事，发生历史性变革的关键一招就在于紧紧抓住全面从严治党这个牛鼻子，坚决改变管党治党宽松软状况。从出台中央八项规定到严厉整治形式主义、官僚主义、享乐主义和奢靡之风，从坚持反腐败无禁区、全覆盖、零容忍到深化国家监察体制改革，从深化政治巡视形成震慑不动摇到坚持以党的政治建设为统领，从坚持思想建党和制度治党紧密结合到加快形成覆盖党的领导和党的建设各方面的党内法规制度体系，这些旨在推动全面从严治党的“组合拳”，充分表明党中央是“认真地而不是敷衍地、深入地而不是表皮地”解决党内存在的各种矛盾和问题，对加强

① 习近平：《全面贯彻落实党的十八大精神要突出抓好六个方面工作》，载《求是》2013年第1期。

和改善党的全面领导发挥了至关重要的作用。

面对当前经济发展出现的前所未有的挑战，全国上下必须充分估计困难、风险和不确定性，切实增强紧迫感，抓实经济社会发展各项工作。在加大“六稳”“六保”工作力度的过程中，应当始终秉持“办好中国的事情关键在党”的信念，将中国共产党领导的制度优势转化为治理效能。各级党委（党组）不能因为当下经济发展和社会稳定任务异常艰巨就放松本地区、本部门、本系统的党建工作，更不能放弃落实全面从严治党主体责任的根本要求。相反地，要严格按照《主体责任规定》要求，自觉将党的建设与经济社会发展、将党建工作与业务工作同谋划、同部署、同推进、同考核，真正做到“上心用劲”。

就《主体责任规定》的贯彻落实而言，必须始终将“真管真严”原则放在首位，从思想和灵魂深处去唤醒党员领导干部对落实全面从严治党主体责任的重视。习近平总书记在党的群众路线教育实践活动总结大会上的讲话中指出：“在一些领导干部眼中，抓党建同抓发展相比要虚一些，不容易出显绩，一年开几次会布置一下就可以了，不必那么上心用劲。也有一些人认为，在发展社会主义市场经济条件下，从严治党面临两难选择：过宽没有威慑力，会导致越来越多人闯‘红线’，最终法不责众；过严会束缚人手脚，影响工作活力，干不成事，甚至还会影响自己的选票。这些认识都是不对的。”《主体责任规定》总则第五条明确规定了中央和国家机关在落实全面从严治党责任中的“表率”“模范”作用，目的就在于进一步压实责任、传导压力，确保全面从严治党主体责任落到实处。主体责任落实不仅要看各类会议举行、责任清单制定、年度任务安排、调查研究、宣传教育培训、提醒谈话、约谈通报等“规定动作”是否完成，而且还要看党的领导作用发挥程度、党的五大建设实际成果、党内法规制度执行力提高情况以及一体推进不敢腐、不能腐、不想腐的进展情况等“绩效目标”是否实现。换言之，全面从严治党主体责任“真管真严”既注重过程之真、之严，也强调效果之真、之严。中共中央办公厅 2019 年 3 月印发《关于解决形式主义突出问题为基层减负的通知》，对于力戒形式主义、改进工作作风、激励基层干部担当作为发挥了重要作用；

2020年4月印发《关于持续解决困扰基层的形式主义问题为决胜全面建成小康社会提供坚强作风保证的通知》，提出“坚持从讲政治高度整治形式主义官僚主义、进一步把广大基层干部干事创业的手脚从形式主义的束缚中解脱出来”。可见，形式主义是党的建设的“天敌”，全面从严治党主体责任落实“真管真严”原则的坚持更要力戒形式主义。

（二）彰显全面从严治党艰巨性的“敢管敢严”原则

全面从严治党是一项伟大的自我革命，也是我们党最鲜明的品格。党章总纲指出：“新形势下，党面临的执政考验、改革开放考验、市场经济考验、外部环境考验是长期的、复杂的、严峻的，精神懈怠危险、能力不足危险、脱离群众危险、消极腐败危险更加尖锐地摆在全党面前。要把严的标准、严的措施贯穿于管党治党全过程和各方面。”党只有勇于自我革命，才能领导人民进行社会革命，才能实现初心和使命。习近平总书记2013年6月在全国组织工作会议上的讲话中指出：“对我们这样一个拥有八千五百多万党员、在一个十三亿人口大国长期执政的党，管党治党一刻不能松懈。如果管党不力、治党不严，人民群众反映强烈的党内突出问题得不到解决，那我们党迟早会失去执政资格，不可避免被历史淘汰。这决不是危言耸听。”可见，“刮骨疗伤式”的全面从严治党是一项异常艰巨的事业，也是一项只能进、不能退而且非进不可的事业。党的十八大以来，我们党坚定不移“打虎”“拍蝇”“猎狐”，反腐败斗争取得压倒性胜利。同时，加强党内法规制度建设，完善党和国家监督体系，不能腐的制度笼子越扎越牢。这些实实在在的成果，充分表明党中央抓全面从严治党是动真格的，是敢碰硬的。正如习近平总书记2016年在第十八届中央纪律检查委员会第六次全体会议上的讲话所言：“干部子弟也要遵纪守法，不要以为是干部子弟就谁都奈何不了了，触犯了党纪国法都要处理，而且要从严处理，做给老百姓看。”

站在新的历史起点，全面从严治党的任务更加艰巨。《主体责任规定》自发布之日起施行，这本身就体现出党中央对继续推进全面从严治党向纵深方向发展的决心和勇气。党风廉政建设和反腐败斗争取得的阶段性胜利成果来之不易，防反弹、防回潮的任务则更加艰巨，只有以“敢管敢严”当头，才能进一步巩固和深化全面从严治党的现有成果。党中央不放松惩治腐败和整治四风，彰显出全面从严治党的果敢和坚韧。在《主体责任规定》贯彻实施中，必须压实“党委（党组）书记履行本地区本单位全面从严治党第一责任人”职责，杜绝党委（党组）当“甩手掌柜”、书记怀“鸵鸟心态”现象，层层传导压力、级级落实责任，敢于直面和解决影响全面从严治党的各种突出问题。各级党委（党组）只有勇于扛起全面从严治党的主体责任，只有始终坚持敢管敢严，才能铲除不良作风和腐败现象滋生蔓延的土壤，筑起遏制腐败现象滋生蔓延的堤坝，最终赢得党心民心。

（三）彰显全面从严治党长期性的“长管长严”原则

当今世界正经历百年未有之大变局，我国正处于实现中华民族伟大复兴的关键时期。党的十九大报告指出：“中华民族伟大复兴，绝不是轻轻松松、敲锣打鼓就能实现的。全党必须准备付出更为艰巨、更为艰苦的努力。”中华人民共和国成立七十多年来，我们党领导全国各族人民已经创造了世所罕见的经济快速发展奇迹和社会长期稳定奇迹，中华民族在经历站起来、富起来之后正朝向强起来迈进。实现伟大梦想，必须进行伟大斗争、建设伟大工程、推进伟大事业，起决定性作用的就是党的建设新的伟大工程。在全面建成小康社会历史任务即将完成、全面建设社会主义现代化国家新征程即将开启并向第二个百年奋斗目标进军之际，我们党面临的执政环境更加复杂、风险挑战更为繁多，只有全党继续保持战略定力，始终坚持严字当头，才能久久为功。正如习近平总书记2016年在党的十八届六中全会第一次全体会议上关于中央政治局工作的报告中所言：“党和人民事业发展到什么阶段，全面从严治党就要跟进到什么阶段，坚持严字当头，把严的要求贯穿管党治党全过程，以自我革命的政治勇气着力解决党内存在的突出问题，做到管党有方、治党有力、建党有效。”党的十八大以来，之所以能够出现党内正气上升、党风不断好转、社会风气上扬的生动局面，关键就在于始终坚持了全面从严治党长管长严的基本原则。

《党内法规制度建设意见》开宗明义地指出："治国必先治党，治党务必从严，从严必依法度。"党的十八大以来，以习近平同志为核心的党中央高度重视党内法规制度建设，党内法规制度体系不断完善，为全面从严治党、依规治党提供了基本遵循。中央八项规定的及时出台和贯彻实施，为各级党员领导干部树立了榜样，真正做到了"让铁规发力、让禁令生威"，从而牢牢筑起作风建设的长效机制。八项规定改变中国的事实雄辩地证明，只要始终坚持制定和实施一体推进的基本原则，就能够建立健全全面从严治党的长效机制，使全党养成"有规可依、有规必依、执规必严、违规必究"的习惯，真正实现通过党规的善治。习近平总书记在参加河南省兰考县委常委班子专题民主生活会时的讲话中指出，作风建设关键是要在抓常、抓细、抓长上下功夫。抓常，就是要经常抓、见常态。抓细，就是要深入抓、见实招。抓长，就是要持久抓，见长效。作为重要的党的自身建设法规，《主体责任规定》有关责任内容、责任落实和监督追责的具体规定，都需要在管党治党的长期实践中落实落细。只有坚持全面从严治党主体责任落实"只有进行时、没有休止符"的持之以恒精神，才能久久为功结出全面从严治党的胜利果实，把我们党建设成为始终走在时代前列、人民衷心拥护、勇于自我革命、经得起各种风浪考验、领导人民从胜利走向新的胜利、从辉煌走向新的辉煌的马克思主义执政党。

四、政府兼职法律顾问角色论

《全面依法治国决定》指出："积极推行政府法律顾问制度，建立政府法制机构人员为主体、吸收专家和律师参加的法律顾问队伍，保证法律顾问在制定重大行政决策、推进依法行政中发挥积极作用。"2016 年 6 月，中共中央办公厅、国务院办公厅印发了《关于推行法律顾问制度和公职律师公司律师制度的意见》，明确提出"2017 年底前中央和国家机关各部委，县级以上地方各级党政机关普遍设立法律顾问"的目标任务。近年来，政府兼职法律顾问选聘活动在全国范围内轰轰烈烈地展开，兼职法律顾问在推进法治政府建设中的作用已得到初步显现。同时，实践中也暴露出很多亟待解决的问题，如有的地方以应付心理聘请挂名顾问，有的地方为弥补法制机构人手不足过度使用兼职顾问，还有的地方热衷聘请身兼数职的名流担任顾问。这些问题的涌现，表明了政府兼职法律顾问在新时代的角色定位尚未获得普遍共识。在法治政府建设全面推进的当下，应当站在国家治理现代化的高度全面审视政府法律顾问制度的特殊作用，切实选聘使用好政府兼职法律顾问。

（一）领导干部法治思维养成的助力者

党的十八大报告明确提出“提高领导干部运用法治思维和法治方式深化改革、推动发展、化解矛盾、维护稳定能力”。习近平总书记也曾多次强调，要抓住领导干部这个全面依法治国的“关键少数”。由于各级政府部门的领导干部大多并非法科出身，因而法治思维的养成绝非一日之功。为了解决领导干部法治思维与新时代社会新需求不匹配之间的矛盾，就需要充分发挥政府兼职法律顾问的作用，使其真正成为领导干部法治思维养成的助力者。

作为各级政府及其组成部门选聘的兼职法律顾问，大多具有丰富的法律专业知识和实践技能，有的还是具有重要社会影响力的知名学者，理应秉持相对超然的立场担任各级政府的诤友。一般来说，兼职法律顾问可以通过三种渠道助力领导干部养成法治思维：一是为政府重大行政决策提供独立的专业意见。重大行政决策往往关乎本地民生改善和社会经济发展，个中充满着复杂的利益衡量和法律风险，必须借助兼职法律顾问的专业力量尽可能预防各类风险的发生。二是为政府规章和规范性文件合法性把关。合法性审查是规章和规范性文件制定的必经程序，也是防范法律风险的主要抓手。兼职法律顾问深谙法治原理和实务操作，能够切实为规章和规范性文件的合法性把好关，以良法促进发展、保障善治。三是为本地区、本部门法治政府先进典型示范创建活动提供理论论证。典型示范创建是建设法治政府的重要路径，也是增强地区和部门制度创新软实力的主要手段。兼职法律顾问中的专家学者往往具有精深的理论造诣，能够在先进经验总结推广方面发挥特殊的作用。政府兼职法律顾问经由这三个方面活动的积极参与，有望助推领导干部法治思维的尽快养成，进而引领全民守法局面的形成。

（二）司法行政部门能力提升的同行者

在政府法律顾问体系中，尽管司法行政部门人员是主体，专家和律师只是补充，但这并非表明外部人员注定就是配角。相反地，内部顾问和外部顾问要互帮互学、砥砺前行。作为法律工作的同行，司法行政部门人员应当与专家和律师建立起合作共赢的新型关系，使后者成为自身能力提升的同行者。

司法行政部门人员与兼职法律顾问之间应当互通有无，共同成长为法治政府建设的急先锋。二者可以通过三个方面的合作，共同提升自身的法治服务水平：一是在政府立法事务中发挥各自禀赋，实现政府立法的科学化和民主化。目前，很多新取得立法权的城市普遍存在立法能力不足的问题，政府兼职法律顾问可以通过接受委托起草、参与论证等方式深度介入，充分利用自身的专业优势和联系广泛的特点，提高政府立法质量。在此过程中，双方都能得到切实锻炼，从而为政府立法质量提升提供可持续的保障。二是在重大行政执法决定法制审核中共同把关，促进严格公正规范文明执法的实现。重大行政执法决定法制审核是一项新的行政执法监督制度，对于提高执法可接受性、防范诉讼风险具有现实意义。各级行政执法单位的法制机构人员可以发挥熟悉行业执法一般做法的优势，兼职法律顾问则可以发挥熟悉行政执法原理、了解涉诉纠纷面上规律的优势，共同做好重大行政执法决定法制审核工作。三是在行政复议应诉过程中取长补短，共同推进依法行政。政府法律顾问制度的推行恰与2014年修订的《行政诉讼法》实施同步，能够因应行政诉讼制度新发展所带来的挑战。尤其是随着政府被诉情形的增加，如何通过积极应诉倒逼政府依法行政，已经成为推动法治政府建设的重要路径。面对案件数量的成倍增加，司法行政部门人员应当与兼职法律顾问通力合作，在复议应诉的洗礼中共同成长。

（三）政府社会理性对话交流的沟通者

党的十九大报告中明确提出了“2035年法治国家、法治政府、法治社会基本建成”的宏伟目标。其中，法治政府建设是关键、法治社会建设是基础，二者相辅相成、相得益彰。在有限的时间范围内，法治政府与法治社会建设必须通盘考虑、相互促进。兼职法律顾问来自于行政系统外部，有着广泛的社会基础，应当主动充当政府与社会之间理性沟通的桥梁，促进政府治理与社会治理的良性互动。

获聘政府兼职法律顾问的专家和律师多为当地的社会知名人士，有的还是人大代表或政协委员，拥有广泛的社会联系。为此，兼职法律顾问可从如下三个方面代表政府与社会展开理性交流对话，促进二者的相互理解，更好地实现社会经济发展、民生改善的目标。一是积极参与政府与投资者有关重大项目的谈判签约，促成公私合作的顺利推行。政府与投资者合作建设基础设施、提供公共服务已经成为当下行政体制改革的重要方向，也是敦促公私双方运用法治思维实现合作共赢的重要契机。兼职法律顾问可以利用自身的双重优势，在政府与投资者合作中发挥特殊的助成作用。二是勇于参与重大突发事件的处置，更好地化解潜在的冲突和危机。城市运行充满着各类风险，尤其是在发生重大安全生产事故或其他群体性事件时，兼职法律顾问应当勇于担当，凭借自身的法律专业特长和社会生活经验，促使危机在法治框架内得到和平地解决。三是为信访案件化解提供专业法律服务，切实维护社会稳定。

后　记

在我本人的第十一部著作、也是第一部党内法规著作即将出版之际，回首五年来研习党内法规的时光，百般感慨涌上心头。一个人学术研究疆域的拓展，既取决于个人的学术抱负和学术能力，也离不开外部环境的变化和多方力量的支持。

感谢华东政法大学两任党委书记曹文泽教授、郭为禄教授和原副校长张明军教授的信任，使我有机会亲身参与学校党内法规研究中心建设和党内法规学科建设的全过程。对党内法规制度建设成就的学习和观察，既开拓了我的学术视野，又丰富了我的人生经历，使我的行政法学研究能够与日俱进、更好地服务于法治国家、法治政府、法治社会一体建设的伟大实践。

感谢中办法规局、上海市委办公厅、上海市委宣传部、上海市纪委、上海市教委、上海市法学会等上级部门和相关领导的厚爱，使我们中心能够有机会参与中央和地方党内法规制度建设实践活动，在亲身感受中增强从事党内法规理论研究的信心和勇气。

感谢王伟国、肖金明、王勇、王立峰、王建芹、施新洲、祝捷、欧爱民、廖秀健、伍华军、蒋清华等党内法规研究同仁对中心及我本人的支持，与他们跨学科的交流探讨，开阔了中心及我本人的学术眼界，形成了立足行政法学观察党内法规制度现象的学术进路。

感谢《中共中央党校学报》《法学论坛》《法治研究》《东岳论丛》《暨南学报》等刊物的支持，使得部分成果以论文形式得以发表；感谢中国法制出版社和戴蕊编辑的大力支持，使得著作能够顺利出版。

书稿整理之初，适逢我在最高人民法院挂职担任行政审判庭副庭长。除了承担案件审理、文件起草、纪要编写、参加会议等日常工作外，我还承担着学校行政法学和党内法规两个博士点的授课及部分书目主编工作，并就当下行政审判新理念新改革进行追踪研究，工作千头万绪、任务极为繁重。书稿定稿之时，适逢我受命担任学校新成立的纪检监察学院常务副院长，白手起家的种种艰难非亲历者无法体会。应当感谢自己，在纷扰的工作和生活中从未懈怠，在寂寞的学术道路上从未停步，在异常浮躁的环境中从未迷失。

限于本人研究能力和认知水平，书中一定还有某些不足之处，敬请读者批评指正。

章志远

2023 年初春时节于沪上苏州河畔

图书在版编目（CIP）数据

党内法规学专论 / 章志远著. —北京：中国法制出版社，2023.9

ISBN 978-7-5216-2563-9

Ⅰ.①党… Ⅱ.①章… Ⅲ.①中国共产党—党的纪律—法规—学习参考资料 Ⅳ.①D262.6

中国版本图书馆 CIP 数据核字（2022）第 040060 号

策划编辑：戴　蕊

责任编辑：李宏伟　　封面设计：杨鑫宇

党内法规学专论

DANGNEI FAGUIXUE ZHUANLUN

著者 / 章志远

经销 / 新华书店

印刷 / 三河市紫恒印装有限公司

开本 / 710 毫米 ×1000 毫米　16 开　　印张 / 11　字数 / 173 千

版次 / 2023 年 9 月第 1 版　　2023 年 9 月第 1 次印刷

中国法制出版社出版

书号 ISBN 978-7-5216-2563-9　　定价：38.00 元

北京市西城区西便门西里甲 16 号西便门办公区

邮政编码：100053　　传真：010-63141852

网址：http://www.zgfzs.com　　**编辑部电话：010-63141804**

市场营销部电话：010-63141612　　**印务部电话：010-63141606**

（如有印装质量问题，请与本社印务部联系。）